传播与中国译丛——媒介道说系列——黄旦　孙玮　主编

基特勒论媒介

杰弗里·温斯洛普-扬（Geoffrey Winthrop-Young）著

张昱辰　译

中国传媒大学出版社
·北京·

目　录

“媒介道说”序 / *1*

中译本序 / *15*

译者序 / *23*

致　谢 / *27*

导　言 / **001**

第一章　背景:人物小传及其他 / 009

一、斯大林格勒战役之后 / 009

二、海德格尔的居所 / 013

三、修道院路上的法国斗争 / 019

第二章　话语分析 / 033

一、第一道难题:诠释学的催眠曲 / 033

二、重建与法国的联结 / 040

三、蛇女之吻:文学与哲学从官僚精神中诞生 / 046

四、你必须牢记这个:离经叛道的德语课程 / 054

第三章 媒介理论 / 061

一、第二道难题:西德的歌 / 061

二、没有灵魂的脑壳:话语网络 1900 中的媒介技术 / 069

三、德古拉的留声机遇上了查拉图斯特拉的打字机 / 077

四、写作文本来对抗影像:勇于编程吧! / 086

五、在硅谷的海滩上:人与媒介的终结 / 092

第四章 古希腊文化技艺 / 097

一、第三道难题:关于塞壬的真相 / 097

二、古希腊的写作课 / 103

三、神灵也有男欢女爱:毕达哥拉斯学派的追求者 / 114

四、古希腊的和德国的事务 / 123

五、古希腊的危险:存在的意义 / 133

第五章 充满争议性的学术成果 / 145

一、"媒介决定着我们的境况" / 145

二、写作(与)女性 / 150

三、米克·贾格尔的闪电战和机械主体 / 155

四、为什么是战争? 从佩内明德到品钦 / 165

五、最后的检查清单:基特勒效应 / 171

拓展阅读 / 177

一、基特勒主要的英语著作 / 177

二、关于基特勒的介绍与综述 / 179

三、关于基特勒的专业论文 / 179

四、访谈与网络讲座 / 180

五、文献资源 / 181

参考文献 / 183

索　引 / 197

辨音闻道识媒介

黄　旦

从一个故事说起。

以《闲情偶寄》立名于中国文学史的李渔,写有一部小说,名《十二楼》。内中有《夏宜楼》一卷,说的是一瞿姓相公,"亏得一件东西替他做了眼目","微光一隙仅如丝,能使瞳人生翅",偷窥到居于夏宜楼的詹姓小姐之美貌,心生莫名爱意。于是他灵机一动,将远望高探而得的楼内女方动静,借助媒人之口,一一说与詹小姐听,以示天生有缘,唬得这位小姐毛骨悚然。门禁之内的夏宜楼,男女有别,旁人不能随便进出,其动静连自家人都未必尽知,偏一个外人竟一清二楚。詹小姐百思不得其解,疑非得神助不能,遂"把个肉身男子"就当成了"蜕骨神仙"。"这等看起来,竟是个真仙无疑了! 丢了仙人不嫁,还嫁谁来!"詹小姐也不是没有担心,"神仙”是否有“真形实像”,“不要等我许亲之后他又飞上天去,叫人没处寻他”。到了新婚夜,詹小姐初近新郎,战战兢兢,“还是一团畏敬之意,说他是个神仙,不敢十分亵狎”,至半夜却发现其“欲心太重,道气全无”,根本就是凡夫俗子一个。她狐疑中追究缘由,“件件查问到底”,才知此桩美事功德,全得力于一个“法宝”——千里镜。瞿相公偶尔从市场购得此物,在高山寺租得一间僧房,遍扫各处房屋。之前种种,正是这双“千里眼”居高临下所功。让人想不到的是,知道真相后的詹家小姐,惊诧之余,并未显上当受骗之恼怒,反正色道:“这些情节虽是人谋,也原有几分天意,不要十分说假了。”第二天恭恭敬敬就把这件“法宝”供在了夏宜楼,做了家堂香火,夫妻二人不时礼拜。

在我看来,这就是一个媒介道说的故事。

媒介,是英文 media 的汉语译词。英文的 media,源自拉丁文 medium,意指中间。medium 一词大致有三种意涵:第一,比较古旧且运用普遍的意涵,指的是“中介机构”或“中间物”。这个意涵源于一个特别的物理或哲学的观念:一种感官(或一种思想)要去体验(或表现)必须有一个中间物。第二,着重落在技术层面,例如将声音、视觉、印刷视为不同媒介(media)。第三,专指资本主义。在这层意涵里,报纸或广播事业被视为另外事物(如广告)的一个媒介。[①] 也有学者为此勾勒出一条变化的线索:古典拉丁文 medium 指的是某种中间的实体或状态,但在古典之后的拉丁文以及 12 世纪之后的不列颠资料中,媒介则指从事某事的方式。一方面,媒介可以视为一种偶然性的存在,它使得现实世界中的诸多现象相互关联,或将现实世界与可能性世界相互关联。另一方面,从现代意义上来看,媒介是一类特殊资源。直到 1960 年,媒介才成为一个术语,描述实现跨时空社会交往的不同技术与机构,并因此受到特定学术领域的关注和研究。[②] 中国的古汉语,只有"媒"字,并无"媒介"一词。按《说文解字》中的解释,"媒即谋也,谋合二姓者也"。"谋合二姓",不仅"媒"(谋)的位置居间,而且是介入——撮合二姓的第三者。由此可见,media 或"媒",就其本义及其谱系,主要意为居中(中介机构或中间物)位置及交接转化(从事某事的方式),重点是中介行为。[③] 按我的说法,媒介是有"媒"有"介",是连接、触发与转变的不断运作,是媒—介的互动和呼应。通俗地讲,就是一场"交易"[④]。故凡是媒介,必是从关系着眼,否则就是技术或物件。媒介

① 威廉斯.关键词:文化与社会的词汇[M].刘建基,译.北京:生活·读书·新知三联书店,2005:299-300.

② 延森.媒介融合:网络传播、大众传播和人际传播的三重维度[M].刘君,译.上海:复旦大学出版社,2012:59-60.

③ 德布雷.媒介学引论[M].刘文玲,译.北京:中国传媒大学出版社,2014:10.

④ 德布雷.媒介学引论[M].刘文玲,译.北京:中国传媒大学出版社,2014:76.

学就是研究关系方面的东西而不是物体。[①] 之所以习惯于将某种技术和机构(比如报纸)命名为媒介,在于预先已设定其为"实现跨时空社会交往"。

夏宜楼"有绿槐遮蔽,垂柳相遭,自清早以至黄昏,不漏一丝日色",如此幽密荫深之所,却被"微光一隙仅如丝"的千里镜穿破,从而引出这一实体空间,与高山寺的瞿生照面。高山寓意宽广、挺拔和敞亮,乃为"夏"之意象;夏宜楼,则是三面环水柔软清凉,为避暑之胜,故有"宜"之谓。一阳一阴,偏因"千里镜"相遇而碰撞交汇融合,孕育出新的关系和生活。千里姻缘一镜牵,夏"宜"楼化成了宜"夏"楼。千里镜就是千里"媒"!"传媒与工具和机器不同,工具和机器是我们用来提升劳动效率的器具,而技术的传媒却是一种我们用来生产人工世界的装置,它开启了我们的新的经验和实践的方式,而没有这个装置,这个世界对我们来说是不可通达的。"[②]千里镜是如此,贵州的中国"天眼"——FAST 望远镜也是如此,无人不知的报纸、广播、电视等,均因此而成其为"媒介"。

媒介以它特有的方式解蔽现实并将之带到我们面前,这是一种中介了的现实。"想独上高楼读一遍《罗马

---

① 德布雷.媒介学引论[M].刘文玲,译.北京:中国传媒大学出版社,2014:73.

② 克莱默尔.传媒、计算机和实在性之间有何关系?[M]//克莱默尔.传媒、计算机、实在性——真实性表象和新传媒.孙和平,译.北京:中国社会科学出版社,2008:7-8.

衰亡史》,忽有罗马灭亡星出现在报上”(卞之琳,《距离的组织》),从而导致场景重新组合和分化交叉,引入一种并不依赖于固定地点的新场景,新的角色行为模式就在新的社会场景中诞生。① 媒介抵达之处,既是世界所在之“界”,同时也是“新世界”敞开之时。“计算机界所说的实时、媒体界所说的‘现场’等效应都深刻地——同时也可能在根本上——改变了事件化的原义,改变了时间和空间的存在”②,由此也就改变了人的存在。人体在感知比率变化中既延伸又自我截除,在一伸一缩中调适与外界的关系尺度。③ “媒介就是认识论”,“任何认识论都是某个媒介发展阶段的认识论”④。所谓“媒介环境”,所谓“媒介环境学”,或者梅罗维茨认定的“新场景”,应该是在这样的意义上来理解的。这是超越了自然、社会和人,同时又使之重新联结并组合的第三种环境。⑤ 夏宜楼的故事,已经让我们充分领略到这一点。自从“千里镜”登堂入室,它的内外格局和关系结构就已千疮百孔,不再是原

① 梅罗维茨.消失的地域:电子媒介对媒介行为的影响[M].肖志军,译.北京:清华大学出版社,2002.

② 斯蒂格勒.技术与时间:爱比米修斯的过失[M].裴程,译.南京:译林出版社,2012:18.

③ 麦克卢汉.理解媒介——论人的延伸[M].何道宽,译.北京:商务印书馆,2000.

④ 波兹曼.娱乐至死[M].章艳,译.桂林:广西师范大学出版社,2004:30.

⑤ 斯蒂格勒.技术与时间:爱比米修斯的过失[M].裴程,译. 南京:译林出版社,2012:90.

来的夏宜楼,哪怕看上去景色依旧。新婚之夜的詹小姐,面对瞿生的全盘托出,不能不信又不愿完全接受。所谓的"不要十分说假了",实则是不能十分说假罢了。幻想的破灭,也就是现实的毁灭。顺着既有真真假假(真实与虚拟)的逻辑,是唯一的出路。这正说明夏宜楼回不到从前也不可能再回到从前。"千里镜"被奉为"法宝","做了家堂香火",活生生地演绎了"媒介道说"中的"道成肉身"。此后的夏宜楼不能不在"法宝"的不时礼拜中存在,并讲述其以往和未来。或许在库尔德利看来,这不过是人通过媒介做什么或是在做什么与媒介相关的事[①],然而,人的此种"做"必是与媒介的设定及其刺激、推动断不开的。"通过媒介做什么"和"做什么与媒介相关的事",首要的必是与"什么媒介"有关。看报纸和看电视就不是一回事,否则戴扬和卡茨也就用不着专拿电视来演说"媒介事件"[②]。媒介"并不简单地传递信息,它发展了一种作用力,这种作用力决定了我们的思维、感知、经验、记忆和交往的模式"[③]。

---

① 库尔德利.媒介、社会与世界[M].何道宽,译.上海:复旦大学出版社,2014:41.

② 戴扬,卡茨.媒介事件[M].麻争旗,译.北京:北京广播学院出版社,2000.

③ 克莱默尔.传媒、计算机和实在性之间有何关系?[M]//克莱默尔.传媒、计算机、实在性——真实性表象和新传媒.孙和平,译.北京:中国社会科学出版社,2008:5.

"媒介的魔力在人们接触媒介的瞬间就会产生"①,这"魔力"即是媒介作为一种"装置将诸要素聚集在一起的某种生成",是诸要素"安排、组织、装配在一起的"创生过程。② 媒介不仅仅只是"处于中间位置的",它对通过中间项的两者起作用。它要在不可逆转的过程中创造出一个模型,超越所有的企图。③ 瞿生的隔空远扫,媒人的巧舌如簧,口信和诗文的情意脉脉,詹小姐的懵懂好奇,夏宜楼的特定空间,詹父的势利专横,詹家在朝为官的儿子,其他的求婚者,等等,一干人事全因"千里镜"的介入而现形,环连成网,各自激发,"每一种元素都有助于界定其他元素,每一种元素都为信息在系统中流动做出贡献"④,构成了特殊的传播事件——这段奇异之婚姻并重构了夏宜楼。"生成"不是融合、不是共存,而是一种转化,各自在媒—介中成其所是,形成一种全新的生态。媒介也在这种"活生生的力量漩涡"⑤中,敞开和绽放自身。李渔的"夏宜楼"实就是"千里镜"化的世界。试想,若不是"千里镜"而是电话(据研究,19 世纪晚期美国电话使用的增加,

---

① 麦克卢汉.理解媒介——论人的延伸[M]. 何道宽,译. 北京:商务印书馆,2000:42.

② 德勒兹:关键概念:第 2 版[M].田延,译.重庆:重庆大学出版社,2018:91.

③ 德布雷.媒介学引论[M].刘文玲,译.北京:中国传媒大学出版社,2014:125.

④ 海勒.我们何以成为后人类:文学、信息科学和控制论中的虚拟身体[M].刘宇清,译.北京:北京大学出版社,2017:34.

⑤ 麦克卢汉.麦克卢汉序言[M]//哈罗德·伊尼斯.帝国与传播.何道宽,译.北京:中国人民大学出版社,2003.

由于交流和声音接触的便利，的确促进了情爱事情的发生[①])，其所引发的“魔力”就不同，至少天上掉不下这位瞿哥哥。夏宜楼的整个过程、所有关系及其情节戏码都得推倒重来。所以，媒介——就是媒—介的召唤和应答——就是媒介道说：“让我们通向那个由于与我们相关而伸向我们的东西”，“让我们进入与我们相关或传唤我们的东西”。媒介“就是在如此这般允诺着的道说中显示自身本质”[②]。本译从定名为“媒介道说”，就是得自如是的启示。

《约翰福音》的“太初有道”，亦可称“太初有言”。故“道”即“道说”(logos)，又译为“逻各斯”，在西方文化思想中有着重要影响。称“logos”为“道说”，就为表明前者作为一个语言符号自身的内在力量与功能。[③] 据研究者，“logos”——道说，与老子的“道”类似，是话语，也是道理之理或道本身，[④]由此与中国文化和思维方式有了几分亲近。海德格尔把“道说”视为语言本质，是语言的语言。“道说”是把作为语言的语言带向语言，使人通达语言之大道。“道说”即语言本质显身，人们是“在说话(作为顺

---

① MARVIN, C.When old technologies were new[M].NY: Oxford University Press,1988.

② 海德格尔.在通向语言的途中[M].孙周兴,译.北京:商务印书馆,2005:190,255.

③ 芮欣.道说:从逻各斯到倾空[M].北京:北京大学出版社,2013:11.

④ 陈嘉映.海德格尔哲学概论[M].北京:生活·读书·新知三联书店,1995:298.

从语言的听)中","跟随被听的道说来道说"的,所以是"语言说话"[1]。

如果把海德格尔的"道说"与人的存在关系之特殊意义(语言是存在之区域,存在之圣殿,存在之家[2],所以技术就成为"座架")暂且放在一边,仅从他开启语言"本源"或"本质"的"道说"之思,或者以"道说"作为"道理之理",亦即"作为一个语言符号自身的内在力量与功能"之意,译丛名为"媒介道说",就是想破解传播学中将媒介仅仅视为器具、工具的固有思维。"器具是被有用性和需用性规定了的,所以,器具就把它由之据以形成的质料纳入了自己的有用性中"[3],最终留下的是用处、是效应,媒介却消失不见。由此我们希望读者从一个新的、立足媒介自身内在力量的——海德格尔所提示的"一件东西从何而来,通过什么它成为一件东西,这件东西是什么,它如何是"[4]这一存在"本源"亦即"道说"的角度出发,来阅读这套译丛。有新视角,才会发现新亮光。读书是如此,研究亦是如此。

---

① 海德格尔.在通向语言的途中[M].孙周兴,译.北京:商务印书馆,2005:239,254.

② 海德格尔.诗人何为?[M]//孙周兴.海德格尔存在哲学.北京:九州出版社,2004:152-216.

③ 海德格尔.艺术作品的本源[M]//熊伟.存在主义哲学资料选辑.北京:商务印书馆,1997:428.

④ 海德格尔.艺术作品的本源[M]//熊伟.存在主义哲学资料选辑.北京:商务印书馆,1997:402.

“媒介道说”并不主张什么媒介中心主义，也不赞成把人视为中心，此二者本就同根孪生一体两面彼此强化，尽管看上去像是针尖对麦芒。此种非此即彼，注定听不到媒介道说之“大音”。如果一定说有中心，“媒介道说”的中心就是人与媒介的共存以及相互介入和运作这一根本，并由此切近媒介并道说媒介。基特勒将人类传播媒介历史切割为两段：文字媒介阶段和技术媒介阶段。前者以语言编码为基础，后者则完全按照现代数学编码公式而运作。[①] 目今所谓的“后人类”，所谓的“虚拟真实”，不正源自数字编码媒介的变迁吗？媒介关乎人的习性、生活方式和自我构成，并与人共时并进。“不同的文明依赖的传播媒介各有不同。”[②]媒介造就人，一代媒介自成一代人。英尼斯的《传播的偏向》、波斯特的《信息方式》、卡斯特的《网络社会的崛起》等，都已经从不同层面为我们做了见证。据调查，虚拟现实技术已经影响了目前人们对于现实生活的看法，有人曾在问卷中直截了当地回答：“现实并不是我最好的窗口。”[③]以此看，美国芝加哥学派早期代表人物库利是颇有见地的。他认为，人类的本性来自两条生命传递线：一是生物种性；一是语言、交流和教育。只可惜他始终抱定这是两条“明显分开的河道”，

---

① 基特勒.传播媒介史绪论[J].文化研究，2013(13)：235-254.

② 伊尼斯.帝国与传播[M].何道宽，译.北京：中国人民大学出版社，2003：8.

③ 海勒.我们何以成为后人类：文学、信息科学和控制论中的虚拟身体[M].刘宇清，译.北京：北京大学出版社，2017：36.

也就找不到其交汇之处,最终落在了生物有机体对社会的适应上[①]也是不得不然。

既属"人类本性",人与媒介的相接相嵌就非后天强加,而是与生俱来。人,按照盖伦的说法,天生就不是自足的生物,只能依赖于预先构成的自然条件。因此,技术成为人类自身本质的最重要的部分,正像人本身一样形成了一种人造的性质。[②] 用斯蒂格勒的表述,人因"原始性的缺陷",故必以技术的弥补而诞生和存在:技术就是人的代具。代具并非人体的简单延伸,它构成"人类"的身体;代具也不是人的一种"手段"或"方法",而是人的目的。人是以技术的"外移的过程",运用生命以外的方式来寻求生命的。人与物(工具)的共时共生,标志着在有机体和它的环境之间出现了一种新型的关系,一种新的物质类型:即一种有机体(有机化的个人)同环境(一般意义上的、有机的和无机的物质)的关系,是由一种有机化而又无机的物质为中介来实现,而且二者互为激发:当"什么"在被"谁"发明的同时,也发明了"谁"[③]。这同样是唐·伊德所坚持的。他以为,人从伊甸园下到尘世,就是

① 库利.人类本性与社会秩序[M].包凡一,王源,译.北京:华夏出版社,1999:5.

② 盖伦.技术时代的人类心灵:工业社会的社会心理问题[M].何兆武,何冰,译.上海:上海世纪出版集团,2008:4.

③ 斯蒂格勒.技术与时间:爱比米修斯的过失[M].裴程,译.南京:译林出版社,2012:19,126,166,20,193.

和技术相伴相行。“对于人类来说，没有技术的生存只是一种抽象的可能性”，除非是被圈在一个“孤立的、被保护的和牢固的乐园”里。“文化—技术的生活形式”，也就因此“限定了所有经验性的人类社会”①。

这样的视野，就是我们透视媒介和人之间关系的基础。依斯蒂格勒的“技术史同时也就是人类史”②的说法，我们也可以毫不迟疑地说，媒介史同时也是人类史，“媒介学的起源应该是人类学”③。勒鲁瓦-古兰说：“人类群体在自然中的行为就像是一个生命肌体，……它通过一层物体（工具、器械）的中介来适应自己的环境。人类用斧头砍伐，用箭、刀、锅、匙来取食肉类。人类就在这样一种中间层之中取食、自我保护、休息和行动。”④中间层即为媒介。仿照卡西尔的说法，这就是由“劳作”（work）划出和规定的“人性圆圈”⑤。媒介道说就是顺着这样的通达让我们来倾听的。

“媒介道说”译丛，集中展现了不同学科各位名家大师的媒介论述和思想。首先，多学科的思想源流和横岭

① 伊德.技术与生活世界[M].韩连庆，译.北京：北京大学出版社，2012：14，20.

② 斯蒂格勒.技术与时间：爱比米修斯的过失[M].裴程，译.南京：译林出版社，2012：147.

③ 德布雷.媒介学引论[M].刘文玲，译.北京：中国传媒大学出版社，2014：15.

④ 斯蒂格勒.技术与时间：爱比米修斯的过失[M].裴程，译.南京：译林出版社，2012：164.

⑤ 卡西尔.人论[M].甘阳，译.上海：上海译文出版社，1985：87.

侧峰的不同入角，大大越出了原有传播学中媒介理论之一脉，将会为我们重新理解媒介，尤其是在今天这样的数字移动背景下审视媒介，提供重要的思想资源。这是我们主持出版该套丛书的初衷之一。其次，几年前我们就提出，应将"媒介"确定为传播学研究的重要入射角，这不仅是为了纠正传播研究重内容、重效果而忽视媒介的偏向，更重要的是，我们认为从"媒介"入手最能抓住传播研究的根本，显示其独有的光彩。近些年我们在这方面的探索也证明了这一点，并已经初步形成了特色，得到全国同道的关注和呼应。其结果是大大地扩展了人们对于传播的理解，开辟了新的研究议题，重组了研究的领域，使传播研究的面貌和气质得到了一定程度的改变。因此，选择这样一套译丛，既是我们研究设想使之然，同时也希望借此为进一步推动这方面的研究添柴加火。最后，也是最重要的一点，即译丛的多学科特色，恰恰表明了"媒介"的极端重要性，它关涉人类社会的各个方面（当今数字技术的运用和影响就说明了一切），因而也是所有学科关注的焦点。因此，这套译丛可以成为一个四通八达的媒介，它将伸入各个学科，汇聚八方来客，共同思考，共同道说，"嘈嘈切切错杂弹"，携手创建中国传播研究的新蓝图。

自然，收入本套译丛的每本书，都是研究者对某一位学术名家媒介论说的梳理，属于"道说之道说"。这些"道说”及“道说”者拥有不同的学科和知识背景，其切入角度不同，问题指向不一，论述逻辑各异，基于不同的价值立场和媒介经验，就其内容而言，可以起到方便接引的作用，作为研究的初步向导，激发读者深入探索的兴趣。它既不能代替原著的阅读，更不是模仿照搬，“泥洋不化”，好比夏宜楼里的“千里镜”，做了个现成供奉的“宝物”。相反，我们要立足中国的媒介实践、传播经验和现实问题，从“媒介道说”中批判性地吸取养料，大胆想象，深耕细作，不懈努力，形成并发出中国学者之“媒介道说”，并由此与世界对话。这，是我们的期待，也是每一位媒介学者应有的承当。

“哲学最终可能只不过是媒介理论而已”①，对这个大胆的预测，我没有能力评判。不过由此倒让我想起海德格尔喜欢征用的两句诗：“词语破碎处，无物可存在。”现就将之稍作改动，以鹦鹉学舌结束这篇不算短的文字：

媒介破碎处，无物可存在。

媒介道说。

---

① 哈曼.铃与哨：更思辨的实在论[M].黄芙蓉，译.重庆：西南师范大学出版社，2018：219.

中译本序

《基特勒论媒介》英文版出版几个月后，2011年10月18日，基特勒永远地离开了我们。他的离世并不意外。经常因为其媒介理论忽视了人的身体之角色而被批评的基特勒，也从来没能够照顾好自己的身体。如今在YouTube上依旧可以搜索到基特勒最后公开露面的视频片段，我们从这些视频片段里看到的基特勒，是一个远远比真实年龄虚弱的老年人。据目击者表述，基特勒在柏林医院的病房中最后说出的话是"关掉所有的设备"。在生命的最后时刻，这位因思考机器如何决定人类心灵(human mind)而成名的学者，决定将自身与所有的机器隔绝开来。

初识基特勒是在20世纪80年代早期的弗莱堡大学。那时我还在读大学一年级，而基特勒则是一位年近40岁的魅力超凡却易引发争议的讲师。从一开始，他给我的印象就是一种奇怪的混合：既有吸引力又很执拗，既无所顾忌又腼腆羞涩，他是一位擅长同时排斥和吸引学生的老师。那时，他很可爱，有种古灵精怪的幽默感以及充满感染力的好奇心，同时，他也很自恋、易怒，有时还会相当生硬粗暴。基特勒超前于他的时代(他是少数担当得起这个套话的学者之一),然而,他也因此耗费了很大精力来告诉别人他们在思想上是多么落伍。同许多学术名人一样,基特勒不是个好老师,却是个出色的授课者。但归根结底,基特勒很有趣。当他讲课时,你会仔细听;当他讲得渐入佳境时,你会记下笔记;当他开始(对他而言是标志性的)离题时,你甚至会尽力做到逐字逐句地记录下他说的话。基特勒很出色,他就像一个装备了更多灯泡的吊灯。然而,要不是一开始戴着强大的护目镜凝神聚力观察,我们也就无法看到他发出如此夺目耀眼的光彩。和许多人一样,通过聆听基特勒的讲述(尤其是他自由漫谈之时),我了解到了相当多的东西。然而,首先且最重要的教训是,我们最好在一个安全的距离之外来欣赏基特勒,正如我们欣赏所有盛大的烟火表演那般。①

弗里德里希·尼采曾写道:"我们中的有些人死了以后才真正出生。"这句话特别适用于理论家们。他们是否能够留名青史并成功地活在文化记忆之中,常常在他们去世后不久就已成定局。基特勒作为经典理论家的名望如今还未确定。他是否应该受到持续的关注?他是否值得被提升到同那些他所欣赏的思想家(比如弗里德里希·尼采、雅克·拉康甚至马丁·海德格尔)以及他所蔑视的思想家们(比如西奥多·W.阿多诺、于尔根·哈贝马斯),

① 关于我在弗莱堡与基特勒的邂逅的详细介绍可参见 G. Winthrop-Young. "Well, what socks is Pynchon wearing today?" A Freiburg Scrapbook in Memory of Friedrich Kittler. *Cultural Politics*, 2012, 8(3):361-373.

甚至几乎任何一个你能够想到的英美著名哲学家相同的高度？他提出了什么？是什么让他那么重要？在这里还需要追问的是，为什么他对中国的读者也很重要？

坦率地说，许多著名的西方媒介学者倾向于从非常地方性的、有限的视角出发来作出全球性的声明。保罗·维利里奥在《战争与电影》(*War and Cinema*)之类的著作中对战争、视觉技术和加速之间的关联所做的著名解析，构成了一种试图将法国在20世纪40年代惨痛的战败经历转化为媒介理论的学术努力。哈罗德·伊尼斯——这位可能名副其实的现代媒介理论之父——以时间和空间为基础的传播分析，构成了将加拿大曾经和继续被旧帝国及新帝国(英国和美国)剥削的方式转变为关于历史本身之模型的学术努力。然后是几乎无法绕开的马歇尔·麦克卢汉，这位出生于草原的剑桥大学博士学位获得者壮志满怀且兴致勃勃，不断地在给全世界上课，然而他的知识视野从未扩展到英语世界之外。在谈及"东方"时，麦克卢汉的作品中充满了偏见与陈词滥调。他笔下的"东方人"——他用这个词语指代来自印度、中国和日本的任何人——是漫画式的、充满异国风情的杂交体，看上去恍若坚持阅读赫尔曼·黑塞的《悉达多》(*Siddhartha*)的信奉儒家学说的日本武士。在麦克卢汉关于"东方人"的表述中并没有太多值得了解的东西。基特勒虽然并不比麦克卢汉谦逊多少，却更加谨慎小心。在他学术生涯早期的话语分析阶段(关于这个话题我将在本书的第二章里详述)，基特勒强调了所谓的话语网络强加于人们的限制条件。这些话语网络被界定为使得一个特定的文化得以选择、存储和处理相关数据技术与机构的网络，它们会随着时间的推移发生根本性的改变，这也意味着对历史连续性的旧有假定是十分天真和幼稚的。你既不可能轻易跨越时间来交流，也不可能轻易跨越空间来交流。认定将德国、欧洲或者西方那种标准化的方式可扩散到整个欧亚大陆的想法是非常无知的。因此，基特勒远离了此类宏大的宣言（Imperial Pronouncements）。

然而，一些联系点确实是存在的。比如在日本，对基特勒的接收虽然规模较小却颇为活跃。乍看上去，你可能会说这是日本和德国两个国家众所周知的社会和军事发展的相似性所导致的——相似的历史为相似的理论奠定了基础。德国和日本在19世纪后期依旧处于前现代社会精英控制之时就启动了它们的技术革命。它们在侵略比自己更庞大的国家时（德国侵略的是苏联，而日本侵略的是中国），都把赌注压在了速度、先进技术和所谓的种族优越性上，因为必须以非常快速的方式才能打倒拥有强大人力资源的苏联和中国。在战争中，德日两国都遭遇了灾难性的战败，但是它们借助战后的经济和技术扩张，在某种程度上成功地弥补了损失。两国之间真正的联结不是纳粹德国和日本帝国的联盟，而是战后德国和奥地利明星指挥家赫伯特·冯·卡拉扬与日本索尼公司为了在古典乐和先进录制技术之间建立战略性联结而开展的合作。话语网络的概念和德国历史的非连续性、突然的中断和破裂有关，这同样适用于日本历史中的类似断裂，比如明治维新前后，又比如1945年前后。

然而，真正重要的问题还在更深的层次上。我想特别邀请中国读者全方位地体会基特勒在谈及“话语网络”时想要表达的内容。他不仅仅在谈论媒介，还在考虑着教育的问题。然而，至关重要的是，教育需要在深层次的、“教化”(bildung) 的德语意义上来理解。它涉及个体和集体借助一个大型反馈回路 (feedback loop)得以形成和标记。这个反馈回路将学校和家庭中的学习技巧与以媒介为基础的语言习得实践，囊括整个公务员和教育工作者阶层的统治基础设施(governmental infrastructures)，以及致力于展示这是体验和理解意义的“自然”方式的哲学实践联系在一起。所有在历史上曾将集体教育视为一种涵盖从教育学到哲学之广大范畴的统治规划(governmental enterprise) 的社会，都应该认真地对待基特勒的分析。

我和基特勒曾经具体谈论过的唯一的中文文本，毫不意外的，是孙武的《孙子兵法》。我曾经在一门历史课上就《孙子兵法》写过学期论文，也很好奇基特勒会怎样谈论它。我还记得那次在基特勒烟雾缭绕的办公室里发生的热烈讨论(基特勒是一个无可救药的老烟枪)。我们都同意，虽然孙武的一些表述稍有过时，比如“凡用兵之法，驰车千驷，革车千乘 ”(第二章 作战篇，第 1 句)，但还是有很多片段让《孙子兵法》同任何 20 世纪的军事指南一样切合最新的情况。基特勒思考得更远：由于坚持“兵之情主速”(第十四章 九地篇，第 29 句)，因此孙武是个不折不扣的闪电战规划者。基特勒津津有味地引用《作战篇》一章中的表述：“故兵闻拙速，未睹巧之久也”(第二

章 作战篇，第 6 句)，并评价说这可以让孙武成为普鲁士军总参谋部的荣誉会员。然而，我们都同意，《孙子兵法》绝大多数的相关片段讨论的都是情报(intelligence)：刺探、收集情报以及骗术。《孙子兵法》是第一个对在控制论上几乎完美的、能够巧妙部署运作有序人员的情报机器表达信任的系统表述。这造成的结果是，他对任何的即兴创作，无论是军事上的还是其他方面的，都十分不屑，不管这种即兴创作有多么令人印象深刻。对孙武而言，在战争中有展示作战天赋(genius)的机会恰恰意味着缺乏准备。真正的战争艺术与其说展现在实战中，倒不如说展现在对一种条件的创造之中，在这种条件下你和敌人都肯定地知道如果开战你必将会获得胜利。“不战而屈人之兵，善之善者也。”(第三章 谋攻篇，第 3 句)《孙子兵法》谈论了很多关于实战的内容，但最有趣的地方是它还是一个依靠情报避免战争的指南。

这指向了要阅读基特勒的第二个原因：战争与技术的交集。我在本书的第五章中用很大的篇幅谈论了这个特别的话题，因为我曾认为——现在依旧认为——这是基特勒的著述中最令人困惑但同时最具启迪性的一面。我承认在英文版出版后不久我曾经有些疑虑要不要如此强调战争，但现在我改变主意了。伴随着赛博战争和网络战争的崛起，伴随着社交媒体平台被用来联合或者分化网络社群，伴随着数字敌对行动中黑客(hackers)、聊天机器人(bots)、煽动者(trolls)的出现，基特勒的著述看上去比任何时候都恰逢其时。这并非说他对社交媒体(social media)表达过深刻的见解(他常常批判那些他所认为的被蒙骗的、自恋的网络展示癖造成的集体狂欢)。基特勒的著述中与之相关的部分是他对所谓的民用网络之军事基础的考古学,以及他对德国在1806年惨败于拿破仑后对德国人的话语动员(discursive mobilization)的分析,可以应用于对不协调事物所进行的话语动员——如今这样的动员在俄罗斯得到了最为有效的实践。推进孙武的思想,分裂敌人,散播混乱和不协调,才是最厉害的战术。如果能够动员现代媒介技术设施来释放挑衅言论和敌对情感的全部力量,那么真正的战争就变得毫无必要了。从根本上说,基特勒确实对他所厌恶的社交媒体表达了看法。在他不希望谈及的事物上面,他依旧是正确的。

应该阅读基特勒的第三个原因与他之后和部分因他而导致的媒介理论及媒介研究的发展有关。在讨论媒介考古学、媒介地质学、文化技艺研究的最新进展,或者从元素(包括土、空气和水)、技术设施等维度分析媒介的最新学术研究时,也很难抛开基特勒的学术贡献。然而,基特勒自己对这些进展并不满意,在他自己的著述中甚至会有意无意地和这些进展针锋相对。[①] 基特勒对媒介研究的进展有所不满的一个重要原因是,他转向了伟大却未能完成的古希腊"音乐与数学"的研究课题之中(本书

---

① 关于这一点,更详细的探讨可参考G. Winthrop-Young. A Start of New Interpretation? – On Recursive Innovation of Media Theory and Fertile Disintegration. *Literature and Cultural Studies* ,2016 (1): 12-23. 中文版见:农郁."一个新阐释的开端"?——论媒介理论的递归革新(recursive innovation)与富饶分解(fertile disintegration)[J].文学与文化,2016(1).

将在第四章对此做详细讨论，这无疑是本书中阅读难度最高的部分）。需要关注和研究的是一些其他的东西，一些更深刻的东西，一些更多谈论爱与存在而非战争与媒介的东西。

最后，我想提醒读者的是，千万记住《基特勒论媒介》是一本引介性读物，它是通向大厦的一扇小门，而不应该被误认为是大厦本身。如果能够让读者为阅读基特勒本人的文本做好准备，或者能够为将来可取代这本书的更好的研究奠定基础，这本书也就完成了它的使命。

杰弗里·温思洛普-扬
英属哥伦比亚大学
温哥华
2019 年 4 月

译者序

在中国学界，说起“媒介理论”，多数人也许会立即想起伊尼斯、麦克卢汉等学者领衔的北美媒介环境学派。与这些我们早已耳熟能详的学者相比，来自德国的弗里德里希·基特勒（Friedrich Kittler，1943—2011）最近几年才在国内受到关注。然而，在国际学界，基特勒早已被认为是继麦克卢汉之后最重要且最具原创性的媒介理论家之一，开辟了与北美媒介环境学派颇为不同的媒介研究路径。

作为德国媒介理论的开拓者，基特勒被誉为“数字时代的德里达”。但在某种程度上，基特勒的研究兴趣和领域比德里达更为纷繁复杂且包罗万象——从歌德、平克·弗洛伊德到战争，从留声机、电影到打字机，从浪漫主义文学、计算机（硬件和软件）到古希腊文化，他不仅游刃有余地穿梭于文学、哲学、心理学等不同人文社会学科之间，更将研究领域拓展到物理学、工程学、光学等自然科学和工程学科。他的著述涉及大量来自不同学科领域的知识和案例，给人文社会学科研究者的阅读提出了极大挑战。

此外，基特勒思想的复杂性同样令人生畏——我们不但可以从他的著述中看到来自海德格尔、尼采、拉康、福柯、麦克卢汉、香农和维纳等人的纷繁复杂的思想，更能在他不同阶段的学术研究中找到不同的侧重。从早期的文学文本到技术媒介，再到古希腊文化技术，基特勒的研究边界不断扩大，甚至大大超越了我们通常所理解的媒介研究的范畴。更令人头疼的是，他的写作风格颇为晦涩，而且喜欢大量运用反讽和警句，这无疑又增加了阅读的难度。可以说，理解基特勒的著述对成长于欧美文化背景下的读者尚且不易，更不用说对中国的读者而言了。

考虑到上述情况，《基特勒论媒介》中译本的推出，对任何想要进一步了解和把握基特勒思想的中国读者而言都无疑是一大福音。本书作者——英属哥伦比亚大学资深教授杰弗里·温思洛普-扬（Geoffrey Winthrop-Young）深耕文化技术与媒介研究多年，是国际公认的基特勒研究专家。他在本书中将理论、概念与历史背景、人物传记以及案例结合起来，将基特勒的思想分为三个发展阶段进行细致梳理，生动地探讨了基特勒的学术背景、重要的学术概念以及他的学术影响。

本书由"背景：生平传记以及其他""话语分析""媒介理论""古希腊文化技艺""充满争议性的成就"五个主要部分组成。另外，在本书末尾，作者还贴心地附上了可以帮助读者进一步了解基特勒的阅读文献。可以说，《基特勒论媒介》为读者了解基特勒的关键思想提供了一个思路清晰且信息量充足的指引，相信无论是成熟研究者还是初学者都能从中获益匪浅。

张昱辰

2019 年 10 月于上海

致谢

这本概览性的著述是第一本对基特勒学术成果进行导读的英文著作。我在写作本书的过程中，引用了一些已经出版的材料（尤其是 Winthrop-Young，2002、2005、2006b；Winthrop-Young and Wutz，1999；Winthrop-Young and Gane，2006）。本书的写作还受到约翰·阿米蒂奇（John Armitage）、迈克尔·伯格（Michael Berger）、克劳狄亚·布雷格（Claudia Breger）、弗朗克·哈特曼（Frank Hartmann）、提尔·赫尔曼（Till Heilmann）、菲利普·冯·希尔格（Philipp von Hilgers）、西比尔·克莱默尔（Sybille Krämer）、格尔特·罗文克（Geert Lovink）、拉尔森·鲍威尔（Larson Powell）、科妮莉亚·菲斯曼（Cornelia Vismann）、哈特穆特·温克勒（Hartmut Winkler）、迈克尔·伍兹（Michael Wutz）等学者的指教和帮助。尤其要感谢的是约翰·杜汉姆·彼得斯（John Durham Peters），他总是能想到更好的表达方式。

另外要向上面所涉及的引用材料的出处致谢：

来自《留声机 电影 打字机》（弗里德里希·基特勒著，杰弗里·温思洛普-扬与迈克尔·伍兹译）

导言

"名声",用诗人赖内·马利亚·里尔克[①](Rainer Maria Rilke)的话说,无非是依附于一个名字的所有误会之总和,而弗里德里希·基特勒(Friedrich Kittler)的名声也不例外。对阅读基特勒的英语读者而言,他要么被视为德国首屈一指的媒介理论家,要么就被当成德国最具影响力的后结构主义拥护者之一。有时,这些标签会混合在一起,于是基特勒就成了德国主要的后结构主义媒介理论家。毫无疑问,这是一个让人印象深刻甚至有些令人生畏的标签,然而这个标签又有多准确呢?

首先,基特勒并非一开始就是一位**媒介**理论家。他自 20 世纪 70 年代开始的早期研究探讨的重点多是文学文本而非媒介技术。诸如"媒介物""媒介"这样的词几乎没有在他那时的作品中出现过,而他也从未将自己归类为媒介理论家。让情况变得更复杂的是,基特勒最近关于字母数字符号系

① 赖内·马利亚·里尔克(1875—1926),奥地利诗人,被誉为 20 世纪最伟大的德语诗人。代表作有《生活与诗歌》《梦幻》《祈祷书》《新诗集》《杜伊诺哀歌》等。——译者注。此后脚注若无特殊标注则均为译者所注,不再一一说明。

统演化的作品更是与传统的媒介研究全然不同。然而，如果早期的基特勒还没成为一个媒介理论家，而年迈时
2 的基特勒已经不再是一个媒介理论家（至少从这个词语通常的含义而言是这样的）。那么，“媒介理论家”这样的称呼还有多少用处呢？基特勒在职业生涯的最初确实使用过**后结构主义**这个不可靠的标签（他最早编撰的文集中有一本以“后结构主义计划”作为副标题），但不久这个词语就消失了。更糟糕的是，基特勒甚至讥讽了“后结构主义”这个表述，他的著述实际上对这个术语是否应该被使用提出了疑问。那么最麻烦的标签“德国的”呢？这个标签甚至有一些侮辱的意味。由于英美学术界在媒介和传播研究领域中拥有统治性霸权地位，因此，许多英美学者认为在定位他们的作品时加上国家形容词是没有必要的，但是其他地方产生的学术成果却需要被贴上“法国的”“德国的”或者“日本的”这样的标签。这样的称谓所指的并不是法国、德国或者日本特有的任何东西，而仅仅是为了表明正在讨论的著作**不是**英语的。虽然如此，“德国的”这个标签也能够且应该适用于基特勒。然而，它并不代表任何基本和必要的民族国家特性（仿佛这样的自然集体属性存在过），而是代表着一个在拥有德国这个名字的国家存在前就在这里产生的话语环境。基特勒的理论之所以是德国的，并不是因为他出生在德国或者用德语写作，而是因为他频繁地引用经典德国学者的名字，诸如黑格尔（G.W.F. Hegel）、尼采（Friedrich Nietzsche）或者海德格尔（Martin Heidegger）。以此类推，鉴于他在米歇尔·福柯（Michel Foucault）和雅克·拉康（Jacques

Lacan)那里获益颇多,基特勒也可以被视为法国的。当然,基特勒也可以因为其对克劳德・香农①(Claude Shannon)和托马斯・品钦②(Thomas Pynchon)的高度重视被视为美国的,或者因为对艾伦・图灵③(Alan Turing)与平克・弗洛伊德④(Pink Floyd)的喜爱被视为英国的。基特勒生产的是德国的理论,这是因为其著述的深层面向、论述的偏向性以及某些引用与联想内容的反复出现,更不用说他阐述它们所用的方式,必须在近两个世纪的时间跨度里,在德语国家发生的围绕技术、人文主义、个人以及集体身份认同建 3
构的论争背景中来讨论。

为了简化问题,我在这里把基特勒学术生涯的所有成果视为一个由三大阶段组成的序列。第一个阶段从20世纪70年代中期开始,延续到20世纪80年代初期。基特勒在这个阶段聚焦于文本,更确切地说是聚焦于以文学文本为主的**话语分析**或"考古学"。第二个阶段从20世纪80年代初期开始,持续了20年左右。在这个阶段,

---

① 克劳德・香农(1916—2001),美国数学家,信息论的创始人。他提出了信息熵的概念,为信息论和数字通信奠定了基础。

② 托马斯・品钦(1937—),美国后现代主义文学代表作家。主要作品有《V.》《拍卖第四十九批》《万有引力之虹》等,曾获得福克纳文学奖、美国国家图书奖等多个奖项。

③ 艾伦・图灵(1912—1954),英国数学家、逻辑学家,在科学特别是数理逻辑和计算机科学方面作出了巨大的学术贡献。因一些思想构成了现代计算机技术的基础,他被称为计算机科学之父、人工智能之父。根据其名设立的图灵奖(Turing Award)是计算机界最负盛名、最崇高的一个奖项,有"计算机界的诺贝尔奖"之称。

④ 平克・弗洛伊德,英国著名摇滚乐队,风格是迷幻摇滚,对西方文化有深远的影响。最著名的专辑是《月之暗面》和《迷墙》。

基特勒将研究重心放在**媒介技术**上，首先是 19 世纪晚期的新模拟媒介（留声机、电影与打字机引发的自动化书写），然后是数字技术。这个以媒介为核心的第二个阶段通常被视为基特勒的贡献中最重要的一部分，尽管他本人对这个看法可能并不认同。这一阶段的著述也是他所有学术成果中被最广泛翻译的。第三个阶段以关于数学和音乐记数系统的大规模、本体论导向的系谱学研究为核心。这一阶段，基特勒研究的是**文化技艺**（Kulturtechniken），这个在当前德国理论中相当流行的复杂术语将对媒介技术的关注与对基本的身体同精神技能（包括最主要的阅读、写作和计算）的聚焦结合在一起。在这三个阶段划分的认知基础上，本书将从一个传记性的概述开始，向读者介绍基特勒的作品与德国变化的历史、政治和知识环境之间的一些重要关联（第一章）。第二章、第三章、第四章分别讨论基特勒对文本、媒介技术和希腊字母数字文化技艺的分析。每一章都由一道难题开启，即基特勒对一个短小“文本”的分析，该文本精炼地包含了那个阶段的突出要点。之所以选择这些文本，是因为它们中
4 的每一个都构成了一种基特勒习惯用的表达，即“关于话语渠道条件的话语”。它们是关于它们自身媒介的信息，它们探讨和展演了它们自身的媒介条件，因此也成为对关于它们时代的媒介条件具有高度启示性的实例。

当然，对这种把基特勒学术生涯清晰划分成若干阶段的做法不必过于较真儿，这是为了教学目的而使用的一种启发式策略。知识的发展过程并不像地质层那般有着鲜明的层次，理论也极少会以非连续的方式跳跃式演

进。在20世纪80年代早期，基特勒也并没有完全停止写作关于文学文本的内容，现在①他也并非完全不再写作媒介与媒介理论。如果聚焦于基特勒学术生涯显而易见的连续性而不是仅仅聚焦于断裂的话，我们倒是可以将基特勒的作品视为一个不断向外拓展的螺旋，其中类似的问题会重复出现，但每次都会在更开阔的层面出现。基特勒（雄心勃勃的）在时间—空间上的学术拓展显而易见：在“文学阶段”里，他几乎完全聚焦于所谓歌德时代（1770—1830年）以来的德国文学；在“媒介阶段”里，他研究的范围包括欧洲和北美差不多200年的媒介技术发展史；在最晚近的“文化技艺”阶段，他更是将视野拓展到了自古希腊发端，经历古腾堡星系，直到图灵时代的整个西方历史。虽然这些层面每一个都需要不同的概念和范畴，但基特勒重点关注的问题没有改变——他律性（heteronomy）、代码、编程、冲突，还有始终在陶醉与调查研究之间或在理性分析和狂喜之间转换的非常典型的基特勒式偏好。对媒介理论感兴趣的读者在阅读第二章并对爱与语言、母亲与政府部门、家庭规范与写作课的分析和媒介究竟有什么关系产生疑惑时，记住这点就十分重要。在基特勒开展对文学文本的独特话语分析时，他后来论述媒介的许多内容就已经出现了。并且，当他将研究转向古希腊非凡的文化成就时，这些内容依旧存在着。 5

在我们开始讲述和分析前，还有一点重要提醒。那就是，基特勒既可以说是最复杂难解的当代德国理论家

---

① 本书写作于2011年，当时基特勒尚未离世。

之一,也无疑位居最具争议的德国理论家之列。基特勒的作品很难阅读,更难翻译,在讨论他时也几乎不可能绕开针对他的普遍异议。这些异议或质问他的反开化和蒙昧主义,或指责他的反人文主义,或批判他的技术决定论,或批评他多多少少还有一些日耳曼人的军事拜物教。确切地说,基特勒一点都不是个无辜的批判对象。他纵情于挑衅的言辞与夸张的表达,毫不顾忌,肆意放纵,恍若一头专门摧毁政治正确立场瓷器店的公牛一般。因此,在第五章里,我们会花费不少时间来讨论基特勒充满争议的面向,尤其是棘手的 3 个 **W**:战争(war)、女性(women)和写作风格(writing style)。如同我们将要看到的那样,一些关于基特勒的常见异议未能击中要害。虽然如此,我们也要在一开始提醒读者,放弃某些基本的期待(基特勒几乎一定**不能**满足的那些期待)。

许多媒介和传播学专业的研究者会将某种理想主义带入专业学习之中。毕竟,如果没有某种改良社会状况的立场,为什么要研究媒体?为什么要精心周密地分析文化处理数据的方式?为什么要试图理解越来越复杂的媒介理论论断,更不用说政治上令人担忧的媒体近用权和媒体所有权的问题?无疑,许多读者有着这样的期待,即通过对一个有着极高知名度的媒介理论家的集中研读和了解,来为他们理解媒介滥用提供洞见,并为如何抑制媒体操控、清理传播渠道、全面实现技术潜能,或者为那些无权者赋权等提供线索。如果某个人耗费了数十年来理解媒介,但同时却忽视、否定甚至有时还会嘲弄这样的

6 抱负,这个人的想法一定是难以被理解和接受的。基特

勒就是这样的一个人。他的著作带给读者的强烈感受会是无社会性甚至无人性的，尤其是当读者带着理想主义精神去阅读他的时候更是如此。在基特勒的文字里，你很少能够看到他在提到**社会**（Gesellschaft）或者**启蒙**（Aufklärung）这样的字眼时不带一丝嘲讽。**人**（Mensch）几乎总是被描述为“所谓的人”。当然基特勒更喜爱更加低调甚至在学术语境中稍稍有点轻蔑的字眼“人民”或者“人们”。这并不是因为他不赞成解放性的社会—政治议程，而是因为在他看来，这些路径是建立在关于媒介的天真且幼稚的构想之基础上的，这样的构想并未能考虑到——这里要引用他最著名的（也是最遭人非议的）篇头表述——“媒介决定着我们的境遇”（Kittler，1999：1），其程度尤其在人们相信自己可以决定性地利用**媒介**追求有价值的社会目标时更甚。

德国诗人戈特弗里德·贝恩①（Gottfried Benn）——这位在基特勒的个人万神殿中占据重要席位的人物——曾经这样说过：“艺术的反面不是自然，而是**良善的意愿**。”（Benn II，1984：156）我们可将此视为托马斯·斯特尔那斯·艾略特②（T. S. Eliot）著名格言的激进版本。艾略特曾这样说道：“艺术家越是完美，他自身感受的人与创造的心灵越是完全地分开；心灵越是能完善地消化和

---

① 戈特弗里德·贝恩（1886—1956），德国魏玛共和国时期表现主义文学代表作家。

② 托马斯·斯特尔那斯·艾略特（1888—1965），英国诗人、剧作家和文学批评家，诗歌现代派运动领袖。出生于美国密苏里州的圣路易斯，后加入英国国籍。代表作品有《荒原》《四个四重奏》等。

点化种种充当其材料的激情。”（Eliot，2005：154）艺术——真正名实相符的艺术——是冷酷的。或者如19世纪法国思想家指出的那样，艺术（art，法语发音中有鼻音“a”但是没有“t”）是老鹰猛扑向它的猎物时发出的声音。一首好诗是由词语组成的，而不是由情感组成的，它是冷静的、技术的、疏远的、有距离感的，甚至是冰冷且处于孤立状态的，因此极为稀少和难得。它与那些源于沙龙、研讨会或者街垒，试图安慰、教导或者动员易受影响的读者的善意的空话截然不同。一个类似的格言可以适
7 用于基特勒作为理论家的自我理解：**理论的反面不是实践，而是良善的意愿。**好的理论并不能为改进人类命运做什么，也无法创造一个更好的地方，它仅仅可以让拙劣的理论推理更无容身之处——拙劣的理论推理常常把事情想得过于简单，感情用事、依据不足、头脑空空却心安理得，并且常常让人无可救药地被欺骗和蒙蔽。通过使用有倾向性的，有时与那些充满感情和热度的表达截然相反的冷酷隐喻（基特勒和他的追随者都很喜欢使用此类隐喻），这种特定类型的媒介理论将自己视为汇入众所周知的温暖水域中的一股必要寒流。接下来我们将一起探讨的是，这股寒流由什么组成，它源自哪里，又是用怎样的方式丰富了它所汇入的更大的水流。

第一章 背景：人物小传及其他

一、斯大林格勒战役之后

哲学家马丁·海德格尔——这位将反复在本书中出现，也可以说在基特勒的学术生涯中持续产生影响的人物，曾以令人印象深刻的简洁方式总结过亚里士多德的一生："他出生，思考，而后死去。"换句话说，亚里士多德的重要性在于他的思想，与此相比无论他另外做了什么事情——生活、参与雅典的政治事务以及将年轻的亚历山大大帝教导成一个有责任心的年轻人的努力——都不值一提。海德格尔的精辟总结用在基特勒身上同样贴切，虽然基特勒仍健在[①]。 8

弗里德里希·阿道夫·基特勒1943年6月12日出生于靠近德国东部边境地带的萨克森小城罗赫利茨。1958年，他随家人搬迁至拉尔——一座位于德国西部边境黑森林中的小城。在1963年完成高中学业之后，基特勒就近进入弗莱堡的阿尔伯特-路德

① 本书英文版出版时基特勒尚且健在，几个月后（2011年10月18日），基特勒去世。

9 维希大学学习德语、罗曼语以及哲学。1976 年，他完成了关于瑞士 19 世纪作家康拉德·费尔南德·梅尔[1](Conrad Ferdinand Mayer)的博士论文，之后，进入弗莱堡大学德语系任教，担任讲师。1985 年，基特勒完成了他的教授资格论文（继让候选人有资格在德国大学正式任教的博士论文之后，第二篇篇幅更长的论文），之后主要在瑞士巴塞尔大学任职，直到 1987 年他正式成为波鸿鲁尔大学现代德语文学教授。1993 年柏林重新统一后不久，基特勒被声望卓著的洪堡大学聘为媒介美学讲席教授。2008 年退休后，他依然（还是在洪堡大学）担任媒介哲学的荣誉客座教授。在 30 多年的学术生涯中，基特勒写作和编撰了超过 20 本著作，超过 140 篇论文。套用海德格尔的表述，基特勒出生、工作，而后继续工作。乍看之下，基特勒的职业生涯简直是典型的学术存在，他一生都与图书馆和演讲厅息息相关。然而，如果剥开这个传记的外壳，另外一些面向就会显现，而这些面向对于理解影响基特勒作品的一些隐藏的历史和文化的暗流是十分有用的。

罗赫利茨（Rochlitz）位于德累斯顿（Dresden）附近。提起德累斯顿，很多读者会联想到 1945 年 2 月 13 日至 15 日发生的富有争议性的空袭。在近期的一则对谈中，基特勒提到，他隐约还能记起“那天晚上德累斯顿的战火”（Armitage，2006：26）。考虑到基特勒那时差好几个月才满两周岁，这真是了不起的记忆成就。我们可将此

---

[1] 康拉德·费尔南德·梅尔（1825—1898），瑞士诗人和历史小说家。

视为一个能够为理解基特勒著述中最具争议的部分提供线索的象征性回忆。基特勒是所谓的斯大林格勒战役的孩子，他诞生在第三帝国时期，但却是在第三帝国遭遇灾难性的战败之后。这次战败让越来越多的德国人对纳粹政权的军事能力失去信心。对很多人而言，德国一方无法取得胜利已经是显而易见的事实，由于纳粹不肯妥协 10
或者让步，德国最后可能会迎来彻底的溃败。然而立刻有一些奇怪的事情发生了。斯大林格勒战役后，德国对全民的军事化动员将这场战争转变为无法逃脱的、无孔不入的幽灵，让它前所未有地支配着人们生活的方方面面。1945 年德国投降后，这场战争的合法性被剥夺到了这种程度，以致它看上去像从未发生过一样——或者至少看上去不像许多人经历过的那样。然而，这场战争继续通过一些方式在基特勒的童年中产生着不可磨灭的影响。

罗赫利茨在战后成为苏联占领区（苏占区）的一部分，1949 年苏占区转变为后来的德意志民主共和国（民主德国），其更广为人知的名称叫“东德”。民主德国声称与依旧存在于“西德”（联邦德国）的专制独裁和法西斯传统彻底决裂，并将自己展示为既往关于进步和启蒙梦想的真正实现者。“真正现存的社会主义”终于来到了德国，即便仅仅是在其三分之一的领土上。民主德国将自身形象美化为德国历史良善一面的合法继承者，这形塑了它关于二战的官方视角。德国被苏联红军打败，这因被视为苏维埃的工人和战士们通过英勇斗争将德国从专制统治中解放出来而被庆祝。这种陈述无疑相当契合那些在纳粹统治下受折磨的人们的感受，但在另外一些情况下，它造成了官方认可的“二战”视角和个人经历之间的断裂。国家强加的历史使得私人记忆边缘化——在“西德”，这种显著的分歧也在发生着。如果说“一战”成了一场找不到名义的战争，因为它出人意料的恐惧远远超过
11 了人们以有意义的方式体验这些恐惧的能力，那么“二战”似乎因其更为人所知的被策动的恐惧而成为一场不敢说出名义的战争。

然而，这场战争被遮掩的部分终究还是在其他地方重新显露出来，包括在基特勒的家庭里。在篇幅长达一本书的访谈中，基特勒讲述了他同父异母的哥哥，一个曾经的无线电报员，为了给当地的女孩们留下深刻印象，是如何调用专业技术将他搜寻来的军用飞机的废弃部件组装成非法无线电装置的（Kittler and Banz，1996：47）。同时，他的父亲，一位在战争时期失去了大多数学生的教师，开始转变角色来教授自己的孩子。如此这般的家庭环境带来的结果是，基特勒在 7 岁时就可以背诵歌德《浮士德》里的长段落了。因此，从预先建立的让人文主义经验领域内的孩子们落入圈套的话语秩序，到作为“军队设施的滥用”的民用录制与广播技术的出现（Kittler，1999：97），那些后来在基特勒作品中占据主导地位的东西很早就已经显露端倪了。歌德与无线电、古典学与技术、高等文化与现代媒体的并置，已经包含着基特勒 30 年之后阐述的话语网络 1800 和话语网络 1900 之间的对比。这为基特勒颇具争议性的做法，即未将现代战争（尤其是“二战”）与政治和意识形态、犯罪和恶行、专制和解放等相联

系，而将其同现代控制、通讯和计算技术相联系在一起思考的做法，则提供了生命传记的背景。

二、海德格尔的居所

基特勒曾经提到过，他举家搬迁至“西德”的一个原因是，他的父母希望为孩子们谋求“东德”无法提供的那 12
种大学教育。他补充说，正是这样的特定背景，让自己成为一名“真正热爱大学”的“积极上进的学生”，全然不像许多人那般，上大学“仅仅是为了行使权利或者是出于兴趣爱好”（Armitage，2006：17）。基特勒毫无疑问是一名优秀的学生，但他对于20世纪60年代早期大学生的总体评价是有失偏颇的。因为当时决心打破德国教育传统等级制度的德国大学正在努力招收更多来自低收入家庭的学生，而这些学生当然不会把高等教育视为一种“兴趣爱好”。这里还有其他一些因素在起作用：正如基特勒一家不仅是因为追逐更优质的高等教育机构而离开“东德”一样，积极上进的基特勒与他被惯坏的同学之间的区别也和一个更为根本的分歧有关。同许多人一样，基特勒一家离开“东德”，是因为他们无法认同那里的社会主义政权。但是，基特勒在20世纪60年代早期进入“西德”的大学之后，却发现自己被越来越多宣扬左派理想的同学所包围。如果我们简单地将基特勒视为一个保守主义者的话，就未能很好地理解这样一个关键点。如前所述，基特勒倾向于忽略个体与群体的解放性理想，不论这理想是人类主体性的构造以及紧随其后的独立自主性，还是为追逐人类的伟大目标展开有意义的交往和沟通的能力——作为文化方案，这些解放性理想被深深印刻在人们身上，它们是如此成功，以至于被错误地认为是从所谓的自由意志中产生的。在某种程度上说，从基特勒关于社会主义的童年经历以及他身处新环境中抽象的社会主义论说的分歧之中，我们可以找到真相，正如这一分歧展现给年轻的基特勒的那样。

基特勒在弗莱堡大学待了差不多四分之一个世纪，
13 假使我们认真对待他的名言，即我们“是由我们的教育体系、我们的大学和我们的授课教师生产出来的”(Armitage, 2006: 24)，这样一个长时间段的关联就非常值得检视一番。基特勒从新生成长为毕业生的大学生涯恰好与德国学生运动的兴起与衰落发生在同一时期，那场文化动荡在德语中被简要地称为“六八学潮”。在德国20世纪60年代成长起来的那代人有一个政治化的标签，叫“六八学潮参与者”。然而，基特勒此时既没有成为政治运动中的活跃者，也未对增强自身的政治意识展现出太多的兴趣。回首他的大学生涯时，基特勒印象最深刻的事情并不是某次静坐示威或者抗议游行，甚至也不是以格奥尔格·卢卡奇(Georg Lukács)或者法兰克福学派为名义的一次唤醒觉悟的揭秘，而是现代派作曲家捷尔吉·利盖蒂[1](György Ligeti)的一次讲座(Kittler, 2006a: 339)。当众人(不过可能并没有后来宣称的那么多人)在街头游行示威时，基特勒静坐在他的房间里听着晚期的披头士乐

---

[1] 捷尔吉·利盖蒂(1923—2006)，当代古典音乐先锋派作曲家，20世纪西方现代音乐代表人物之一。

队和早期平克·弗洛伊德的 LP 专辑——他把这种偏爱归因为"百分之五十的懒惰和百分之五十的保守主义"(Kittler and Maresch, 1994: 95)。如果把这种行为贴上右翼逃避者远离政治的立场,或者是对街头激进主义狡诈的疏离,都是对"六八学潮"非常狭隘的解读,从而未能捕捉其下隐藏的暗流。因为,除了在听《白色专辑》(*The White Album*)以及《黎明之门前的风笛手》(*The Piper at the Gates of Dawn*)之外,基特勒还在做什么呢?他正在阅读,他最爱的作者不仅仅有海德格尔和尼采(这两位当然不是 1968 年"政治正确"的学者),还包括一群即将跨越莱茵河来到德国的法国思想家:米歇尔·福柯、雅克·拉康以及雅克·德里达(Jacques Derrida)。由此,弗莱堡——这个跟法兰克福或者柏林相比,在 20 世纪 60 年代的文化动荡中仅位于二线的活动中心——开始变得有意思了。

罗伯特·霍勒伯[1](Robert Holub),这位最早将基特勒引介入英语世界的学者之一,曾指出弗莱堡和柏林在德国对法国后结构主义的吸纳和接收中起到了关键作用(Holub, 1992: 43)。柏林——更确切地说是西柏林——是一个理所应当的地点:一个坐落于世界政治风口浪尖上的、孤立的、高压锅式的大都市,其繁荣的艺术活动景象造就了 20 世纪 60 年代学生激进运动的温床,城市中充斥着大量被免除了强制性征兵义务的高中毕业 *14*

---

① 罗伯特·霍勒伯(1949—),俄亥俄州立大学德国语言和文学系教授,俄亥俄州杰出学者。致力于 19 世纪和 20 世纪知识、文化和文化史研究,尤其专长海涅、尼采以及德国现实主义、文学与美学理论等的研究。

生——它又怎么可能不成为一个接收横跨莱茵河两岸绵延向东的游牧式无政府主义思想传播的入口呢？然而弗莱堡，这个被黑森林里静谧的冷杉环绕、风景优美如画的世俗安乐窝又怎么会成为一个入口呢？关于弗莱堡为什么在德国接收后结构主义思潮的过程中占据重要地位，人们给出了很多解释。一些人强调弗莱堡在地理上与法国的临近性，另一些人则用海德格尔（尤其是逝世后）超越生命存在的影响力来解释。这些解释都是错误的。地理上的临近性与知识上的交流几乎不存在直接关联，尤其是在人口密集、拥有先进的高速公路和铁路系统的欧洲国家尤其如此。同样，虽然许多新派法国知识分子会拜访弗莱堡，包括去托特瑙山区（Todtnauberg）朝圣，看一看海德格尔神秘的黑森林小木屋，但那些弗莱堡大学哲学院中的海德格尔思想的追随者们并不会再像他们其他地方的同行一样愿意去了解新式的巴黎理论。不可否认，弗莱堡的地理位置让年轻时的基特勒能够两周一次前往临近的法国城市斯特拉斯堡进行短途旅行，参加关于拉康的讲座，这也在一定程度上促成了 1975 年 1 月拉康对弗莱堡大学的访问。这次访问可以说被期待已久，但却并未特别成功。拉康来到弗莱堡，发表了演讲，却让每个人都感到困惑，就像他通常会让人们感觉到的那样。根据
15 基特勒的说法，拉康“想在德国变得有影响力”，然而，当他意识到基特勒和他的学术伙伴们是多么年轻且缺乏影响时，“他感到十分失望”（Armitage，2006：22）。虽然拉康看上去既晦涩难懂又有些超然于世外的感觉，但他却是一个讲求实际的理论帝国建设者，致力于在新兴市场

攻占有前途的桥头堡，不过弗莱堡并不符合这个要求。几年后，德里达也来到弗莱堡大学举办了一场讲座，基特勒亲自操刀翻译并编辑了讲座稿。虽然这两位学者有着紧密的关联，但他们在知识上的差异是如此之大，以至于只能用“后结构主义”这个万能标签来概括他们。最受到追捧的理论家是福柯，年轻的基特勒焦躁万分地等待着这位学者的著作，就像等待“新摇滚乐 LP 唱片或是(爱人)脚步的临近一般”(Kittler，1985：141)。一方面，基特勒不断热情地邀请福柯来弗莱堡；而另一方面，福柯始终礼貌地拒绝基特勒的邀请。不管有没有海德格尔，弗莱堡大学的吸引力都是存在着局限的。

事实上，基特勒从未结识福柯，虽然他确实有一次意外碰见过福柯——那是在 1976 年拜罗伊特举办的理查德·瓦格纳[①](Richard Wagner)的《尼伯龙根的指环》(*Ring*)的演出中。在那场由皮埃尔·布列兹[②](Pierre

---

① 理查德·瓦格纳(1813—1883)，德国著名作曲家。他对传统歌剧进行了彻底的改革。他在改革中实施了“整体艺术观”“无终旋律”以及“主导动机”的手法，并强调戏剧第一，音乐第二，坚持音乐必须服从戏剧内容需要进行创作的原则。他创作了《尼伯龙根的指环》和《特里斯坦与伊索尔德》等划时代的经典乐剧，使浪漫主义歌剧发展到顶峰。

② 皮埃尔·布列兹(1925—2016)，现代作曲家、指挥家。在指挥中强调节奏的魅力，强调现代作品在节奏中呈现的色彩感，也强调音响效果。他所演绎的梅西安、巴托克、贝尔格以及他自己的作品，都堪称权威。他最辉煌的成就，则是 1976 年在拜罗伊特指挥《尼伯龙根的指环》百年纪念演出，给予了这部宏大史诗全新的现代性解释。

Boulez)和帕特里斯·夏侯①(Patrice Chéreau)排演的、具有传奇色彩的百年纪念演出的中场休息期间,基特勒看到笑容满面的福柯正被一群仰慕者包围着。然而,就像但丁(Dante)在他钟爱的贝阿朵莉丝(Beatrice)前表现的那样,基特勒惊慌失措,目瞪口呆:"我没有靠近他"(Kittler, 1985: 151)。回溯往事,这次会面地点并非没有一丝讽刺意味,因为在基特勒的眼中,瓦格纳的歌剧代表了"对现代技术的狂热的期待"。(Kittler, 1990: 23;更详细的分析,见 Kittler, 1994)也就是说,媒介魔法师瓦格纳,凭借他的早期总体艺术②——又被描述为"拜罗伊特的平克·弗洛伊德"(Bolz, 1990: 49-65)——正在向滋养同时也限制了福柯所做研究的书籍和图书馆的世界挥手告别。

对弗莱堡在德国后结构主义历史中的显著地位更合
16 理的解释是弗莱堡的**地方精神**,即这座城市引人瞩目的地方政治(亚)文化。许多追求另类生活方式的群体、和平活动家、激进地区主义者、生态原教旨主义者都聚居于此,更不用说那些德国西南部激进自由主义旧传统的残存势力,以及相当一部分新时代的传道者。弗莱堡高度多元化的知识环境在其地方政治以及许多学生和年轻教

---

① 帕特里斯·夏侯(1944—2013),法国电影导演、编剧、制片人。曾执导过《玛戈皇后》《亲密》等经典影片。同时他在戏剧艺术上也有很深的造诣,1976 年他和布列兹在拜罗伊特打造了百年纪念版《尼伯龙根的指环》,并因此拓展了自己的海外知名度。

② 瓦格纳用这个概念来展示自己的大歌剧所包藏的审美野心——将所有的艺术都囊括到一座音乐厅中,产生一种令人敬畏的审美体验,这种体验即便不具有救赎力量,至少也有很强的祭祀感。

师中产生了影响。虽然我们很难弄清这个反文化集群究竟是如何影响基特勒的研究的，但可以确定的是基特勒受惠于这样一个知识环境，这一环境相对而言对特立独行的理论讨论持开放态度。弗莱堡根深蒂固的地方激进主义为思想的传播跨越莱茵河提供了肥沃的土壤，尽管很大程度上处于左派的立场，却常常否定左派的学说。但最终我们还是可以将弗莱堡在德国后结构主义历史中的显著地位归为单纯的机缘巧合：在某个特定的时间点，一群对法国的**野性思维**[①](pensée sauvage)感兴趣的年轻学者们恰好都生活在同一个位于黑森林之中的小城里，这座小城在一个短暂而光辉的时期成为德国后结构主义临时性的圣殿。有一件事是可以肯定的：那些日子——基特勒满怀惆怅地把它们称为他的古老“童话时代”的日子(Kittler，2006a：339)——早已一去不复返了。

三、修道院路上的法国斗争

然而，不管法国理论最初在德国的何处被吸收(绝非巧合的是，基特勒后来转会的波鸿鲁尔大学曾是德国接收福柯思想的前沿阵地)，这依旧是一个微妙的事件。对我们而言关键的是，理解年轻的基特勒要表达什么以及为什么要用如此多的修辞来表达这些。

不过，我们在这里必须稍微停顿一下，谈谈另一个值 17

① 此概念挪用自法国人类学家克洛德・列维-斯特劳斯(Clande Levi-Straus)的名著《野性的思维》(*La Pensée Sauvage*)，在这里指法国的结构主义和后结构主义思想。

得注意的事项。现在已经出现了一些试图记录和讨论美国对所谓法国理论之接收的研究(Cusset, 2008; Lotringer and Cohen,2001),但在德国并没有出现此类的研究。对德国而言,伤痛依旧历历在目,过去尚未走远,人们还无法对之进行客观的剖析。不可避免的是,本书接下来几页的论述(就像先前的章节一样,部分是基于个人 20 世纪 80 年代在弗莱堡大学学习的经历而写就的)或将无法得到很多人的赞同。那些曾经或者依旧同旧理论战争存在利害关系的人们,对随后出现的一些单方面的夸张讽刺不会予以太多理会。不过,我们接下来并不试图对在那些法国人涉嫌洗劫西方人文主义时德国和美国所发生的事情做评价,而是将目光聚焦于美国和德国这两个国家的显著差异——这些差异将透露出两国各自的不足。恰恰是德国学界对法国理论气势汹汹的、毫不妥协的、充满争议的攻击,让美国对法国理论的接受显得更像是一番缺乏吸引力的自说自话,且不论它在许多方面如何令人感到贫乏。反过来,美国对德里达等学者更精细的、严密的研究,也反衬出德国对论辩的执迷。未来的历史学家一定会构建出一个普遍的中间地带,但是就像所有此类的中立地带一样,它也将会是单调且无趣的,尤其是当讨论一个如此明显地避免任何妥协的重要学者的作品时更是如此。

说得委婉一些,后结构主义在德国并没有受到热烈的欢迎。后结构主义在德国被艰难接收的状况在很多方面和它在美国更为引人注目的成功形成了鲜明的反差。在美国,德里达、拉康和福柯在顶尖的学术机构中被接纳

[如约翰·霍普金斯大学、加州大学伯克利分校和康奈尔大学，更不用提“耶鲁解构主义学派”①(Yale School of Deconstruction)]了，然后向下层和外层渗透。与之相反 18 的是，在德国，除了由一些经常被忽略的学者构成的分散小团体外，几乎没有什么相关研究者，然而，这些小团体既没有精神领袖，也缺乏知识中心(Holub，1992：43)。结果就是，德国对法国理论的接收最先从边缘(学生、初级研究者、小型出版社)开始，然后逐渐向内和向上渗透。

不管是在美国还是在德国，后结构主义舶来品的最初命运在一定程度上都和文学院中发生的事情存在关联。在美国，新批评派②(The New Criticism)在几十年里一直是文学批评领域的主导力量，但到了20世纪60年代早期，它差不多已经日薄西山。由德里达倡导的解构主义方法成为一个神秘的理想替代品。一方面，解构主义是新颖的——20世纪60年代的精神确是如此——而且激进的，这体现在它对文学界最珍视和最毋庸置疑的基本原则(如作品的完整性、传达明确信息的能力以及文学被预设的传达所谓永恒价值的功能)的毫不留情的批判上；另一方面(虽然它的实践者们不太愿意承认)，许多

---

① 20世纪60年代后半期，在法国解构主义大师德里达的影响下，于美国耶鲁大学形成的解构主义批评学派。主要代表人物为：保尔·德曼(Paul de Man)、希利斯·米勒(J. Hillis Miller)、哈罗德·布鲁姆(Harold Bloom)和杰弗里·H. 哈特曼(Geoffrey H.Hartman)。

② 新批评派是英美现代文学批评中最具影响力的流派之一，它于20世纪20年代在英国发端，20世纪30年代在美国形成，并于20世纪40至50年代在美国蔚然成风。20世纪50年代后期，新批评派渐趋衰落，但其提倡和实践的立足文本的语义分析仍不失为文学批评的基本方法之一，对当今的文学批评尤其是诗歌批评有着深远的影响。

解构主义试图用来解析特定文本中相冲突的含义的方法，颇类似于新批评派在对文本中的模糊性、张力和矛盾进行探索时所使用的形式主义方法。新批评派所提倡的逆向还原文本的技巧（让我们把它拆分开以展示它是怎样运作的）在解构文本的时候依旧是十分热门的做法（让我们把它拆分开以展示它与最初的预期完全不同的运作）。这一相似性因以下事实得以加强，即解构主义和新批评派都对以下几种竞争方法持含混态度——对社会或历史环境与影响的强调，或对作者试图表达的东西以及
19 文本如何影响读者——用新批评派的说法就是对意图谬误（intentional fallacies）和感受谬误（affective fallacies）[①]予以持续的关注。让我们再看看德国发生了什么，美国式的解构主义似乎使得相当多的文学教授分到了蛋糕并尝到了甜头（甚至充满希望地接管整个烘焙坊）：它让教授们得以像往常一样继续自己的事业，即分析文本而几乎不必顾及社会语境。但这依然给他们一种投身于极其激进的活动中的感受，因为解构主义的原则可以而且确实很快也被应用于许多文学以外的意义结构中，包括更倾向左翼的学者们依旧坚持的关于进步和解放的根本性叙事。不客气地说，许多早期的解构主义思想就是有态度的新批评派。新批评派的象牙塔被夷为平地了，但它的许多碎片被重新收集起来以搭建起后结构主义学派的

① “意图谬误”和“感受谬误”是新批评派的关键概念，指文学批评中的两种谬误。“意图谬误”指把作品的意义等同于作者在创作这部作品时的意图。“感受谬误”指把作品与读者对该作品的阅读效果混为一谈，根据读者的阅读感受来判断一部作品的价值和意义。

象牙塔壁垒。

德国的情况则有所不同。在德国,后结构主义在美国成功占据的激进位置,很大程度上被 20 世纪 60 年代横扫德国文学学术界的强大的左翼力量所替代了。在集体学术记忆中,两个碰巧都在 1966 年召开的会议恰好可以代表批判的接力棒在两代人之间的交接。在美国,聚焦于罗兰·巴特(Roland Barthes)、雅克·拉康和雅克·德里达研究的约翰·霍普金斯大学人文学科会议,现在被视为美国吸收法国理论的关键性事件(Cusset, 2008: 29-32)。几乎与此同时,在慕尼黑举办的德国文学研究者的学术年会则标志着更年轻的、在政治上更活跃的新一代学者的崛起,他们与数十年来像新批评派一样偏好非政治性的文本细读的保守学术圈形成了鲜明对照。但是德国与既有的批判传统的决裂遇到了更多的历史包袱。许多 20 世纪 50 年代与 20 世纪 60 年代早期主要的德语 20
文学研究者是在第三帝国时期接受学术训练的,他们中的一些人在纳粹统治下获得了一定的声望与地位。虽然他们中的大多数人并不明确支持纳粹统治,但同样也没有表示反对和抵抗。"二战"后,许多德国文学研究者通过找到声誉受损的名词和形容词的替换词,得以重新发表 20 世纪三四十年代的论文:"人种"被替代为"民族国家","种族的" 变成了"国家的"或是"民族的","血统"和"族群"(二者对纳粹文学的学养来说都是至关重要的)被替换成了"传统"与"宗教"。世代间的决裂并不仅仅基于知识上对传统学术的摒弃,而且出于对传统学术已经被纳粹主义玷污的印象。

在这样的情况下，后结构主义想在德国取得其在美国迅速达到的激进地位就变得很艰难了。更糟糕的是，德国的批评家们提出了两个强有力的反对意见。颇具讽刺意味的是，这两个反对意见都建立在这样的基础之上，即归根到底，所谓的法国理论恰恰与德国有着相当大的关联。毕竟，对后结构主义理论的创建而言，谁又能比埃德蒙德·胡塞尔（Edmund Husserl）、西格蒙德·弗洛伊德（Sigmund Freud）、尼采还有海德格尔更加重要呢？没有他们，“很难想象会有德里达和拉康”（Kittler，2000：220）。除此之外，经典的德国文学前辈们自身也在抹去早期德国批判思想的成果这一事实，也进一步说明了法国理论在原创性方面的缺乏。正如曼弗雷德·弗兰克[①]（Manfred Frank）在他细致入微的研究《什么是新结构主义？》（*What is Neo-Structuralism*？）中指出的那样，德里达提出的问题及其他涉及以语言为中介的指称和主体性的问题在弗里德里希·施莱尔马赫[②]（Friedrich Schleiermacher，1768—1834）和其他后康德浪漫主义诠释学哲学
21 家的作品里早已被强调，而且一些部分得到了解决。简而言之，法国理论中好的东西不见得总是新的，而它里面新的东西也未必一定是令人印象深刻的。

不过，与之更加紧密相关的第二个反对意见在更大

---

① 曼弗雷德·弗兰克（1945—），图宾根大学哲学荣休教授，德国哲学家，研究聚焦于德国观念论、浪漫主义以及主体性与自我意识的概念。

② 弗里德里希·施莱尔马赫（1768—1834），德国神学家、哲学家、诠释学家和古典语言学家。他对德国宗教、生活和文化影响重大，被公认为现代基督教新教神学的缔造者。

程度上加剧了论争的激烈程度。天真的观察者可能会问,为什么法国理论的德国基地反而阻碍了法国理论在德国的接收,答案很简单:受惠于尼采和海德格尔在20世纪60年代晚期和20世纪70年代早期的带有意识形态色彩的论争,注定会遭遇普遍的非理性指控(Irrationalismusvorwurf),即对非理性的指控。如果用简洁的话概括这些指控——尼采一直是第三帝国的思想先驱,而海德格尔则是第三帝国的赋能者和曾经的赞颂者。因此,后结构主义轻视历史、消解主体性、构筑非人格化的决定性象征链条和网络的旨趣恰恰和德国纳粹调动和利用德国思想中反理性传统的方式有关。左翼评论家将德里达、拉康和福柯的作品视为在政治上作出妥协的德国理论的某种海外洗白版本,它们被隐藏于巴黎思想大师华丽的文体和术语的更新下,准备重新进入并毒害年轻德国人的大脑。因此,也无怪乎这些在德国发生的早期论争总是比在美国的更激烈。当然,在北美像《泰劳斯》(*Telos*)这样的杂志(在它迈向完全不同的政治方向以前)也会译介德国对后结构主义思想的抨击性文字,从而向从法国舶来的疑窦重重的理论击出更有力的一拳(Lotringer and Cohen, 2001: 138)。

不过,正如弗莱堡的鼎盛时期一样,这些理论争论也已成为过去,基特勒作为外来者向正统知识发动的游击战也一去不复返了(基特勒谈及过往斗争时偶尔会沉迷 22
于缅怀式的自吹自擂中)。没有什么人在声誉卓著的洪堡大学——这所大学在德国统一后经历了政治净化,正努力重新与其魏玛时期的光荣历史相联系——做讲席教授时还依旧会是叛逆者。基特勒在 1993 年被洪堡大学聘用,这标志着后结构主义和媒介研究登上了学术阶梯的更高位置,正如绝大多数试图跻身社会上流的人一样,他们通过把他人踢下去一点来到达这个位置。讽刺的是,这次学术上的晋升恰好伴随着基特勒对后结构主义和媒介研究的日益疏远,我们会在第四章里讨论这个情况。在这里,简要地总结一下塑造了基特勒学术态度和学术路径的 1968 年德国学生运动和其后的后结构主义斗争是很有必要的。

基特勒作品里更容易引发批评的论证方式之一,是他倾向于对他所反对的学术路径和潮流做过度简化的描述。根据他的抨击,20 世纪七八十年代的德国文学研究是个外行人完成的事业,这些外行人包括左翼的业余社会学家、外行的激进主义分子、右翼的那些宣扬永恒价值和文学之荣耀的老派 19 世纪人文主义者以及一些介于中间的愚笨的用弗洛伊德理论“炒冷饭”者。这样的描述不仅是常常落入意识形态和个人隐私揭发的热烈争论中的副产品,它还与前面提到的一点相联系,即对熟悉早期诠释学、海德格尔的本体论差异以及阿多诺(Theodor W. Adorno)或者本雅明(Walter Benjamin)的概念精妙性的德国读者而言,后结构主义的舶来品无法引发像其在美国所引发的那种引进新思想的热情。基特勒始终强调,只有在这样的描述衬托之下,福柯和拉康的思想才呈现出关键性的断裂。但如果基特勒的学术同行们像他所说
23 的那样充满局限性,那么后结构主义就的确是一个革命性的创新。

这把我们带回到了海德格尔那里。毫无疑问的是，在基特勒引用的诸多权威和**思想大师**——包括黑格尔和尼采、拉康和福柯、图灵和香农、麦克卢汉和维利里奥[①](Paul Virilio)等人中，海德格尔是最重要的一个。虽然基特勒本人近年来谈及这位他仰慕的学术大师时甚为坦率——“没有人能够让我对海德格尔说反对意见”(Kittler, 2003a：84)——但在他学术生涯的早期可不是这样的。在20世纪90年代之前，基特勒很少提及或者引用海德格尔。在与约翰·阿米蒂奇[②](John Armitage)袒露真情的谈话中，他对自己还是学生时曾为了避免在思想上被完全吞没而故意避开与海德格尔接触的做法做出了解释：“海德格尔退休了，但是他的存在感和影响力依旧无所不在，有我认识的人就被他毁掉了，如果不是故意的话。我确实知道有一些人仅对海德格尔做了一个小时的访谈，从此就再也完成不了他们的博士论文了，因为海德格尔的问题和答案实在太杰出了。”(Armitage, 2006：20)因为与了不起的人物接触而导致文思枯竭的戏剧性故事是否有事实依据并不重要，毋庸置疑的是，在像海德格尔那样完成学术计划，甚至像他一样思考和写作的人中，几乎没有人能够思考出任何海德格尔未曾说过的东 24

① 保罗·维利里奥(1932—2018)，法国著名哲学家、城市建筑家、随笔作家。他以速度和力量发展有关技术的著作而闻名，其中涉及建筑、艺术、城市和军事。代表作有《视觉机器》《无边的艺术》《消失的美学》等。

② 约翰·阿米蒂奇(1956—)，英国南安普顿大学温切斯特艺术学院传媒艺术学教授，《文化政治》(*Cultural Politics*)期刊创办人和主编。主要研究领域为视觉文化、新媒体艺术、技术批判理论等。

西。当然，关于基特勒不愿意轻易接近“这个在弗莱堡哲学学院的走廊上踱步的……小老头”（Kittler，2000：220）有可能还有其他的原因。虽然有着时髦激进的观点，但年轻的基特勒非常雄心勃勃和讲求实际，不至于意识不到在20世纪60年代晚期，崇敬地调用海德格尔会对一位德国文学研究者的学术生涯造成不利的影响。法国后结构主义提供了另一个出路：“对我而言，引入福柯和拉康是基于这样的事实的考量，即他们的作品提供了既可以重新回到海德格尔又不用提及他的可能途径。”（Armitage，2006：20）就像我们在后文中将看到的那样，年迈的基特勒更加接近于那些指控法国后结构主义不过是重弹海德格尔的老调的学者。然而，如果基特勒在20世纪70年代早期宣称这个观点的话，不但在政治上不合时宜，还会破坏他所拥护的新“后结构主义”方法的吸引力。如果福柯和拉康沦为了说法语的海德格尔复制者，如果他们仅仅是重述（即便是用更绚丽的文笔）海德格尔已经认真思考过的东西，那么就没有真正的创新，没有突破，也没有断裂了——而这些正是年轻的基特勒和其他边缘化的德国后结构主义团体努力的目标。

在理解基特勒更奇异的表达时，有一件事情是很清楚且需要我们一直牢记于心的：不管他看上去多保守，不管他与其他20世纪60年代获得名望的德国哲学家（从那些和法兰克福学派有关的人物开始）之间的差异有多大，基特勒的作品和他痴迷的事物是1968年德国学生运动和更为公开的政治计划的组成部分，甚至可能包含更多：

> 回顾往昔，20 世纪 60 年代由许多层构成，每层都比其他层隐藏得更深，就像硅神经网络或是弗洛伊德笔下的梦一样。为了展示的需要，最外层是 1968 年转瞬即逝的学生革命运动，下一层中，LP 碟片的形态改变了，然后新的床出现了。在倒数第二层中，新的药片荣耀登场，最后的一层已经无迹可寻。“这”，就像弗洛伊德的《梦的解析》翻印版当时做出的宣称那样，“是我们梦的核心，它与不可知物相联结”。(Kittler, 2004: 199)

换句话(也是更为人所熟知的话)说，20 世纪 60 年代 *25*
的文化动荡不仅受到举办政治活动和政治抗争的影响，而且在根本上与性、毒品和摇滚乐息息相关。对基特勒而言，阅读和分析马克斯·霍克海默(Max Horkheimer)与西奥多·阿多诺让位于聆听和分析西德·巴勒特①(Syd Barrett)与罗格·沃特斯②(Roger Waters)。伯克利或者万塞纳那里虚构的世界革命最终还是没有像修道院路上策划的披头士的《革命 9 号》(*Revolution No. 9*)那般重要。政治性向迷幻性让位的原因，已经包含在前面引用的弗洛伊德的神秘文字之中了：在 20 世纪 60 年

① 西德·巴勒特(1946—2006)，英国摇滚歌手、作曲者、吉他弹奏家，因创建了平克·弗洛伊德乐队而著称。作为摇滚乐手在舞台上活跃了大约 10 年的时间，随后由于精神问题过起了隐居的生活直至去世。

② 罗格·沃特斯(1944—)，英国摇滚歌手，平克·弗洛伊德的低音吉他和主唱。

代所有的政治、音乐、性和药品引发的迷醉(或者相关其他的动荡)之中,存在着创造和形塑所谓主体的话语以及技术的规则,这些主体陶陶然于对那些使得他们说话、思考和抗议的东西的毫不知情中。破译这些决定性结构和力量,体验彼时的迷醉,然后在技术的细节中分析它们,正是这一过往的文化革命的真正遗产。基特勒的著作可以和彼德·斯洛特戴克[①](Peter Sloterdijk)的《球面学》(*Spheres*)三部曲以及克洛斯·特韦莱特[②](Klaus Theweleit)正在进行的研究课题《波卡洪塔斯与国王》(*Pocahontas and King*)一起(它们都试图审视 20 世纪 60 年代文化动荡的无形遗产),被视为 1968 年德国学生运动的最后有力一击。

不过,我们必须小心提防对过往反叛的过分乐观。不管过去和未来继续将基特勒与他在政治上更进步的同辈区分开的意识形态分歧有多大,他们似乎都同意 1968 年德国学生运动作为一场剧变引发了一些新的东西。然而,正是这个基本的通常不会遭到质疑的假设——关于德国学生运动向法西斯主义余孽以及带有令人窒息的文化保守主义色彩的 20 世纪 50 年代威权主义观念挥出了解放性的(在马克思主义或者大麻的武装下)一击——如

---

① 彼德·斯洛特戴克(1947—),卡尔斯鲁厄设计高等学校校长、哲学和美学系教授。以《玩世理性批判》《欧洲道家思想》《资本的世界内部空间》等著作奠定了他在欧洲现代哲学领域的重要地位,对齐泽克等学者的思想产生了很大影响。

② 克洛斯·特韦莱特(1942—),德国社会学家、历史学家,代表作有《男性幻想》等。

今也遭到了质疑。历史学家格茨·阿利[①](Götz Aly)曾是一名学生运动的激进分子，现在以对大屠杀和纳粹经济政策关联的分析而著称，他在一则尖锐的反驳文章中指出，那场学生运动是由强烈的威权主义冲动所驱动的(Aly, 2008)。虽然他们公然宣称反对威权主义，但反叛的学生最终还是更加致力于重塑德国以及他们被打败的父辈军人因二战而丢掉的清晰性、秩序和权威。阿利指出，没有什么如 1933 年反动学生运动的修辞那样，同 1958 年进步学生运动斗志昂扬的话语如此相像——从反资产阶级的论争到对有边界的可靠群体的喜爱，再到无所不在的反美国主义，以及有时有些尖锐的反犹太主义。为了总结他的观点，阿利将他的书取名为《我们的奋斗》(*Unser Kampf*)，这显然是参照了希特勒那本《我的奋斗》(*Mein Kampf*)的标题。无疑，基特勒展现了某些威权主义情感，这可以在以下几个方面看出端倪：他对资产阶级诠释学实践的异想天开表示了坚定的不满，他对传播物质性和它们的技术群集的强调，反映了唯物主义对经济基础的聚焦，以及本书在第四章中将会讨论的，即用某种反美国式话语表达出的、德国应该在其存在的历史中重新获得优势地位的关注。 26

历史，就像托马斯·卡莱尔[②](Thomas Carlyle)宣称

---

① 格茨·阿利(1947—)，德国历史学家、政治科学家，著有《希特勒的民族帝国：劫掠、种族战争和纳粹主义》等。

② 托马斯·卡莱尔(1795—1881)，苏格兰哲学家、评论家、历史学家。主要著作有《法国革命》《论英雄、英雄崇拜和历史上的英雄事迹》和《普鲁士腓特烈大帝史》。他一生中发表了很多在维多利亚时代获得赞誉的重要演讲，作品在维多利亚时代颇具影响力。

的那样，是由无数的传记构成的本质。就像许多维多利亚时期的宣言那样，倒置这个宣言会对我们很有帮助：传记从无数的历史中产生。从斯大林格勒的创伤到1968年的文化动荡，从弗莱堡的理论空想到柏林的重新统一，
27 德国历史的诡谲多变滋养出了基特勒的学术成果。基特勒的个人传记虽然看上去学究气十足甚至有些乏味，但它实际上已与德国动荡世纪历程中占据最重要位置的战争、动荡、迷醉、幻想的历史相互交织、不可分离。

一、第一道难题：诠释学的催眠曲

在1780年至1783年间的一个晚上——专家们对具体日期尚未达成一致——约翰·沃尔夫冈·冯·歌德(Johann Wolfgang von Goethe)在山间修道院的墙壁上潦草地写下了八行字。这通常被命名为《流浪者之夜歌》(Wanderer's Nightsong)的八行字，大概既是德国最短的诗歌中最精彩的，也是德国最精彩的诗歌中最简短的(这里我们特意在德语原文后附上了平淡的英语译文)：

Über allen Gipfeln
Ist Ruh，
In allen Wipfeln
Spürest du
Kaum einen Hauch；
Die Vögelein schweigen im Walde.
Warte nur，balde
Ruhest du auch. (Goethe I，1978：142)

29 Above all mountain tops
Is calm,
In all tree tops
You feel
Hardly a breeze;
The little birds are quiet in the wood.
Just wait, soon
You will rest too.

在群山之巅,
是寂静,
在众梢之中,
你感不到
丝毫微风,
森林中的小鸟静寂无声,
等着吧,你不久,
也将得到安宁。

这首诗歌来自歌德——德国最具标志性的文学家,因此并不缺少精妙的翻译。

对它的解读有一些强调社会和政治背景,而另一些则潜入了更深处:

> 在这里没有明喻,没有隐喻,也没有象征。三个明晰且简单的事实陈述后面,紧跟着对未

> 来的清晰断言。……我们认为这里的语言传达出了夜晚之寂静的直接性。……这是绝对必要的，正是“山峰在树梢之前”构成了这首诗歌意义的核心，也让这首诗歌带上了歌德风格的典型特色。因为诗中提及事物的次序并不是随意的。……这是通过心灵得以知晓的自然的内在过程的次序，一种自然中的进化发展遵循的有机秩序，从无生命的东西到有生命的东西，从矿物、植物到动物王国……最后不可避免地到人类。一个自然过程……已经变成了语言，用另外一种物质——诗人自己的材料——得以塑造……你很难在文学作品中找到包含如此多深厚客观思维的词句。（Wilkinson；引自 Goethe I，1978：544-545）

这个关于动物—植物—矿物序列的解释让人印象深 *30*
刻，因此它被认为应收录入——居然是以英语原文的形态——令人尊敬的歌德作品集的汉堡版。无疑，这首诗歌欢迎这样的解读。这一无缝地串起了自然中不同的无生命领域和有生命领域的“内在过程”，通过对跨越广泛语义范畴的词汇的调度而设计出来。注意歌德对“Hauch”一词的用法，这个充满了诗意的名词同时意味着（有生命的）呼吸和（无生命的）微风。又比如“ruhen”这个动词，可以指代各种状态的休息，不管是永恒的长眠还是一次午间小憩。向下挪移到次词汇层面（sub-lexical

level)，20 世纪最具代表性的德国语言学家埃米尔·施泰格尔[1](Emil Staiger)，曾着重指出这首诗前两行中“长长的‘u’和紧随其后的停顿”是如何“让静谧的黄昏可以被人们听见”，以及第四行中的“你”是如何“并没有同样非常平静，因为这个句子并没有结束，而声音依旧是提高着的”(Staiger，1991：41)。这首诗毫无磕碰或者摩擦地从自然顺利过渡到人类，同时将山脉、树木、鸟儿和流浪者优雅地融合在一起，它用从元音字母“u”到“du(thou)”和“Ruh (rest)”的无缝转换安抚和包围着读者，由此断言，即使最难以企及的山脉和森林区域也能够安抚“最焦躁不安的存在——人”(Staiger，1991：42)。

1979 年，基特勒出版了一部关于《流浪者之夜歌》的读本，将其取名为《鸟园的催眠曲》(*Lullaby in Birdland*)。在德国学术界，基特勒属于提及技术和/或流行文化时喜欢用英语标题的少数学者之一，尽管关于他的同事是否能想到该名字来源于查理·帕克[2](Charlie Parker)这点非常值得怀疑。虽然基特勒没有过分担忧人类焦躁不安的境遇，但他还是乐意承认施泰格尔等人作出的分析很好地描绘出了歌德诗歌的语言技巧和效果。然而，这些
31 分析忽视了使得这则诗歌能够以这样的方式起作用的话语前提条件。仅仅是意义和音节并不能解释它的作用。

① 埃米尔·施泰格尔(1908—1987)，著名德语文学学者，代表作有《诗歌的基本概念》。他挑战了类型论(genre theory)这一西方文学批评的重要范式，提出要在文学创造性基本模式的基础上解释文学类型。

② 查理·帕克(1920—1955)，美国著名萨克斯演奏家。他开创了后来的爵士乐主流音乐——波普爵士乐，被誉为最伟大的中音萨克斯演奏家。

语言必须怎样建构，才能让诗歌施展出它的魔力？什么样的话语秩序、什么样的语言生成机制、什么样的语言习得方式，才能吸引流浪者和他的读者进入树木和山峦洋溢着抚慰人心的讯息、连鸟鸣的缺失也充满着精神意义的“可被听见的黄昏”？比起了解这首诗在说什么，基特勒更感兴趣的是发掘意义生产的最初机制。

基特勒的分析从传统文学批评里最老套的问题之一开始：谁在说话？就像对代词“你”显而易见的使用所展示的，这首诗歌的“话语事件”（discursive event）（Kittler，1991：106）是一种质询（interpellation）。一个声音正向流浪者说话，更确切地说是：一个声音正用自然对人说话的方式对着流浪者说话，其后果是流浪者（和他的读者们）不得不将最无意义的噪声解释为一种有意义的讯息。那么又是谁在说话？切入基特勒分析的核心，这是**母亲**的声音。这听上去有点古怪的弗洛伊德式的感觉，但我们有必要了解的是，基特勒给出的并不是老套的精神分析式解读。相反，他分析的是让歌德的诗歌以及后来弗洛伊德的精神分析得以产生的言语秩序的深刻断裂。基特勒不用弗洛伊德来解读诗歌，如果弗洛伊德还有重要性，是因为可以通过诗歌来解读他。

在18世纪的后50年里，养育婴儿和孩童的方式经历了重大的变化。资产阶级的核心家庭崛起，将女性几乎全部贬入私人领域，从而重新定义和促进了母亲作为主要监护者的角色。母亲们不再担任中世纪与近代早期 32
扩大化家庭中的常见角色，此时她们承担着将婴儿这种“原料”转变为具备充分成熟的同理心和反思性（通常被称为精神或者心灵)的个体的重要任务。这要求母亲们被教导如何来教育她们的孩子。在很短的时间里,新型的育儿实践产生了。比如,当要哄孩子睡觉时,以前的方法是用草药混合剂、镇静剂、麻醉剂或是其他野蛮的方式,这些仅仅将婴儿视为"许多身体中的一个身体"(Kittler, 1991: 198)的做法,被母亲那唱着催眠曲的慈爱声音所取代了。基特勒认为,上述歌德的诗歌是在萨克森州一首古老的催眠曲的基础上创作的,但更重要的是它重新塑造了母亲声音的突出特点。于是,在流浪者这里,或是延伸开来的被诠释学限定的读者这里,触发了一种类似于婴儿在树梢听摇篮曲的反应。这里要引入的一句话将会在后面反复出现:歌德的诗歌是一个"关于话语渠道条件的话语"(Kittler, 1982: 473),它凸显和展演着规则、规范和文化的断裂,正是这些才让它能够影响它的读者。

但是,这种影响是如何产生的呢?在《话语网络1800/1900》(*Discourse Networks* 1800/1900)的一个详细的分析中,基特勒剖析了18世纪后50年里的教育改革者是如何给语言教学实践带来实质性改变的(Kittler, 1990: 27-53)。让孩子们通过圣经中繁多的名字、字母串或者音位来学会语言的做法已经是过去式了。取而代之的是,母亲们被教导说出基特勒称为"最小所指"(minimal signifieds)的东西,比如"du、mu、bu、be、ma、am、ag、ga"等。它们既不是真正的词汇(虽然它们中有些——如"am"或者"du"——有时也被当作词汇使用),也不是无意义的音节,而是位于二者中间的东西。重要的是,它们

能够轻而易举地与词汇相结合：将“bu”和“be”放在一起 33
变成 Bube（小男孩），将“ma”进行简单重复就产生了 Mama（妈妈）。“通过这种方式，意义在音与词的边界上通过最小所指的增大作用产生了。”（Kittler，1990：78）这种毫不费力的融合是基于这样的假定之上的：如“bu”“be”或者“ma”这样的最小所指总是孕育着意义。与通常的语言学观念相悖的是，意义在次词汇层面就已经存在了。母亲和婴儿之间全新的亲密纽带进一步巩固了这个假定，因为婴儿总是将他们母亲的声音视为指向某种东西。母亲的爱和语言在语义上的丰富性一起，确保了经母亲之口说出的东西一定且必须是有意义的。我们这里讨论的其实完全是由诗人、哲学家和教育改革家参与传播的，关于亲密的甚至情欲化的母亲身份的话语建构，这一身份在 100 多年后被弗洛伊德发掘，并被呈现为一种类宇宙真理。

这种“对言语方法上的纯净化（methodological purification of speech）”（Kittler，1990：37）是构成文化断裂的最重要的因素之一。在这个断裂过程中，语言彻底改变了自己的地位，不断从模拟自然的基本构造中产生出来，变成一种“普遍的、净化的、同质的媒介”（Kittler，1990：36）。其结果是，语言、自然和母亲的声音都是意义而不是噪音。于是，这样一首通过重塑（re-mediates）母亲的催眠曲而召唤出自然意义的歌德诗歌又怎么可能不充满意义呢？就像孩子将母亲发出的最小所指视为孕育着意义一样，歌德笔下的流浪者甚至会把最无意义的自然声音也视为充满存在意义的，而对字母化词汇足够熟

练的读者也会将歌德诗歌中的8行、24个单词以及155个字母视为蕴藏着可通过诠释学方法挖掘的大量财富之
34 宝藏。这首诗歌不仅描述而且创造了一种诠释学的感染力，恰恰因为它最初就重新展示了是什么让我们容易受到这种类型的感染力的影响。媒介——歌德迷人的文字工艺品——变成了信息。

二、重建与法国的联结

让我们暂时后退一步。在这个对《流浪者之夜歌》的解读之下，是两个有着大范围影响的假定，它们将继续充当基特勒大部分学术生涯中作品的导引：**说话主体的去权化(disempowerment)以及言语秩序的断裂**。

1. 基特勒的第一个假定是，我们不是我们语言的主人。语言在我们之前就存在了，我们在它的包围中成长，我们**进入**语言之中，语言成为我们的主宰——不管“我们”是什么，之前它总是被语言所设定、切割或是识别。语言提供了通常被认为先于它的基本区分。正是通过语言的延迟结构(deferring structure)——一个词语指称着某样东西，于是它既与这件东西隔开了距离，又让人们联想到它——我们才能够理解延迟、替换和欲求的基本机制。正是通过语言，我们才能够获得作为分离之存在的身份认同感——当其他人称呼“你”的时候，立即出现的“我”是什么？与其认为我们在说语言，倒不如认为语言也在说着我们。如果用最简单的话来表达或许就是：语言使我们**屈服**。作为所谓的语言的主人，人在语言上遭

到去权化，这一点在拉康的结构主义精神分析中就有提及。在改写弗洛伊德学说（同时宣称把弗洛伊德真正要表明的意思讲清楚）时，拉康提出，潜意识就像语言一样是有组织的，因为它的出现直接与沉浸在语言符号结构中的主体相关。

2. 基特勒的第二个假定是，历史受制于深刻的文化 *35*
断裂。所谓的话语网络 1800（差不多是从 18 世纪晚期到 19 世纪中期）全然不同于它之前的所谓“学者共和国”。同样，它与话语网络 1900 之间也因为同样重大的停顿而彼此割裂，后者在 19 世纪下半叶伴随着新型模拟媒介技术来临。这些断裂是如此深刻，以至于阻碍了正常的文化延续性。没有传统、没有可识别的文化轨迹、没有线索，也没有宏大叙事（不管是关于进步和解放还是关于堕落和衰退）贯穿这些断裂。如果说关于主体从属于语言象征之网的假定来自拉康，那么这个戏剧化的关于停顿的历史则与福柯不无关联，更确切地说，是与 20 世纪 60 年代中期致力于话语分析和“知识考古”的福柯（考虑到福柯在不同的时间里全然不同）不无关联。在他“最优雅的一本书”（Kittler，2003a：38）《词与物》（*The Order of Things*）中，福柯描述了一系列的时期，每个时期都被一种知识型所规制，知识型“界定了所有知识可能的条件，不管是通过理论表述的，还是默默地应用在实践之中的”（Foucault，1994：168）。研究重点不是不同的信仰体系，而是潜在的知识秩序的规则。一旦基本的话语秩序改变了，最珍贵的线索或历史永恒的支柱都会分崩离析。“从文艺复兴到今天，欧洲理性（ratio）几乎未曾间断地发展”，福柯评论道，不过“只是表面现象，在考古学的层面上我们看到，实证体系在18世纪末和19世纪初以一种大规模的方式被改变了”（Foucault，1994：xxii）。基特勒承接了这样的断裂主义观点：“言说的历史进程并非是连续的，因此也并不能构成观念的历史。”（Kittler，
36 1990：177）不如说，它们构成了——这里要提前使用最后一章的内容——海德格尔所称的“存在的历史”（Seinsgeschichte），即一系列人类理解存在的根本不同的方式。

基特勒式转变的独特之处在于对以上两个假定进行了融合。福柯被拉康化，拉康则被福柯化。借助于拉康，福柯的话语分析或是考古学有了精神分析的延伸，能够展示话语体制（discursive regimes）是如何通过诸如在新家庭秩序中标记（inscribing）主体位置的方式塑造无意识的。借助于福柯，拉康原本非历史的分析被历史化了，进而能够展示出精神标记过程随着时间流转而经历的根本改变。福柯的知识型不再仅与知识的形成有关，还关涉人类心智或是精神的形成。通过挖掘其不同的历史事例，拉康的论述变得更加具体了。“通过拉康的渲染，话语这个词不再指关于扩展的言语的语言学上的抽象概念，而是指由教育机构，复制、存储和传输的技术手段以及可用的诠释学策略等塑造的语言存在的真实方式。”（Wellbery，1990：xxi）由此带来的是去权化和非连续性：人们被先于自身的话语机制塑造和标记，但是伴随着时间流逝，话语机制也经历了根本的转变，因此必须要盲目到一定程度才能将它们塑造成为连贯一致的宏大叙事。

这个与法国的联结更刺激的方面产生于两个可耻的

特征(更确切地说在20世纪60年代是可耻的)。首先，当福柯细致地解析不同的知识型时，他既没有解释它们为何产生，也没有解释它们是如何维持自身的。他不仅草率地忽略了位于现代历史中心的关键角色(超拔的主体、中产阶级、资本主义、启蒙思想的传播、社会的完善化、民族国家以及其他一些常见角色)，同时也承认，将任 37
何特定时代的理论、意识形态或是美学产物放回到当时的社会环境中去作出充分的解释是不可能的：

> 归属于某个社会团体虽然能说明诸如此类的人选择了这个思想系统，而非另一个思想系统，但是这个使思考变得可能的条件并不在于这个团体的存在。我们必须仔细区分研究的两个形式和两个层面。第一个是研究诸多见解……第二个并不考虑有关的人物和他们的历史，而在于确立一种条件，即从这样的条件出发，我们就有可能思考……知识……第一种分析属于老生常谈。考古学只能承认和实践第二种分析。(Foucault，1994：200)

第一个可耻的事实与其说和福柯的声称(知识型之间的差异太大使得关于知识连续性或者进步的讨论都不可能)有关，倒不如说和另一个事实有关：他居然丝毫没有提及社会上在发生什么就强调18世纪末至19世纪初的大规模转型(事实上，他把1795年作为特别重要的一年挑出来)。徒有冒失的勇气，福柯却不敢谈及法国大革命。基特勒继承了福柯的断裂主义观点,也继承了他对社会或者环境解释颇具挑衅意味的嘲讽。无论是20世纪60年代中期至20世纪70年代早期法国的福柯,还是20世纪70年代末至20世纪80年代德国的基特勒,都同时将矛头对准了左派和右派。他们拒绝参照任何一种文
38 化连续性和传统价值,并以此来批判右派,更不用说他们对在更保守的学者中流行的诠释学知识基础的蔑视了。他们以同样粗野的方式拒绝参照任何一种社会结构和经济背景,并以此来批判左派,也更不用说他们对左翼学者中流行的关于历史的宏大叙事以及革命性的启蒙运动的蔑视了。对福柯和基特勒而言,从一开始左派和右派就没有多大区别,这让同时面对左右两派的双线作战变得容易了些。当然,在政治光谱的两端都有例外,但根据后结构主义的分析,绝大多数的路径依旧痴迷于文化连续性的观念。这样的观念都以这样或那样的方式,植根于将人视为永恒价值的容器中,抑或是当作历史性的有待完全实现的主体的构想。简而言之,福柯和基特勒都把这样的信念当成批判对象,即以前、现在和未来都存在着某样叫"人"的东西。

下面是第二个可耻的事实:出现于考古学分析中的非常明确的反人本主义。分析指出作为主体的人是一种话语建构,它作为现代知识配置的结果,最初产生于18世纪晚期。大量的科学成果产生了,它们将人放在所有知识探索的最中心。然而,人"并不是已向人类知识提出的最古老或是最恒常的问题",福柯提醒读者,"人是最近日期的一项发明"(Foucault,1994:386)。作为主体的人

不仅年轻，而且正濒临终结。正如福柯在尼采发出“上帝已死”之宣称（这和福柯的想法关系颇为密切）后对文化理论所做出的最声名狼藉的预言中指出的：

> 如果那些部署会像它们出现时那样消失，如果通过某个我们至多能预感其可能性却暂时不知其形式以及它的前途将会如何的事件，那个部署崩溃了——就像18世纪晚期古典思想 39
> 的基础所经历的那样，那么我们势必可以打赌：人将被抹去，就如大海旁边沙滩上画着的一张脸。（Foucault，1994:387）

我们要重新思考这段引文，因为基特勒著述中最基本的信息之一，就是福柯拐弯抹角提及的事情已经发生了。就像我们将看到的，基特勒已经找到了见证人类形象消失的海滩的特征和地点。他也知道这个形象最初是什么时候以及怎样出现的。但是当福柯追求科学的考古学时，基特勒的研究则主要聚焦于作为现代主义主体之标记技术的话语分析或是文学文本的考古学。歌德的《流浪者之夜歌》透露和浪漫化了这个工程中涉及的最基本的技术。不过，我们很容易就能够推断出，它还暗示着人类即将到来的毁灭：

> Warte nur，balde
> Ruhest du auch.
> Just wait，soon

You will rest too.
等着吧，你不久，
也将得到安宁。

三、蛇女之吻：文学与哲学从官僚精神中诞生

基特勒将话语网络定义为“技术与机构的网络，它让一个特定文化得以选择、存储与处理相关数据”（Kittler，
40 1990：369）。一个文化构成了一个巨型的信息机器，根据数据输入、处理量和输出的联结方式，生产出关于机器为什么要这样运作以及应该怎么运作的观念。最持久稳固的观念之一就是宣称文化总是以某种方法与人的重要性联结在一起。文化能够显示出人性的本质，充当人类理想的先兆，或预示“人”是什么、能够是什么或应该是什么。至少，文化表达了号称是人类独有的天赋，即超越物件和人工产品的基本外表或使用价值来认识、提供和处理它们意义所在的天赋。没什么比话语网络 1800 中产生的文化更坚持这样的人本主义信念了。当然，它不仅仅是作为歌德诗歌中再创作的以及正在变化中的语言习得实践的结果而产生的。从写作课程的革新，到新近获得重要性的哲学和美学等学科的诠释学实践，再到为动员和安置现代的、自我反思和指导性的主体作为公民为民族国家的生成而服务这一目的而设计的公共部门改革，这些都不过是一个相互连接的文化技艺网络的一部分。然而，占据这个网络核心的，是那些涉及语言口头表

述、写作和阅读的文化技艺。

不夸张地说,对此进行分析并不容易。基特勒谦虚地将自己的《话语网络 1800/1900》评价为“一本该死的学术书”(Kittler and Weinberger, 2009: 94)。对德国文学的了解需要达到研究生水平,才能读懂该书前半部分内容(这部分对话语网络 1800 做了细致分析)。我们可以略去这部分的许多内容,因为它对于媒介和传播专业的学生而言意义并不大。不过,为了选出一些重要的方面,利用一下文学的捷径将大有帮助。基特勒本人也支持这样的策略,他在自己的分析之中加入了对 E.T.A.霍夫 41
曼[①](E.T.A.Hoffmann)的著名童话《金壶》(*The Golden Pot*)的解读(Hoffmann, 1990: 77-108)。基特勒声称,霍夫曼对这则童话的阐释“比其他许多人要好”(Kittler and Weinberger, 2009: 94)。确实,我们也建议试图理解《话语网络 1800/1900》的读者,不妨在理解基特勒的论述前欣赏一下霍夫曼的童话。

故事的主人公是一位英俊却容易闯祸的大学生安泽穆斯(Anselmus)。他撞翻了一个愤怒的巫婆的一篮子苹果,赔光了他本就为数不多的钱,然后独自来到易北河岸边的一棵老树下哀叹自己的命运。要不是那么笨拙,安泽穆斯也许会成功谋得一个行政职位,说不定还会升职为枢密院官员。换句话说,要是安泽穆斯能够不再将墨水漏在纸上、错过与别人的约定或者在人行道上摔倒的话,他说不定可以成为一名高级普鲁士公务员。但安泽

---

① E.T.A.霍夫曼(1776—1822),德国短篇故事作者及小说家,其杰出的作品具有怪异的风格,是德国浪漫主义代表人物。

慕斯现在却遇到了改变他一生的经历。他的自言自语

> 被异常的窸窸窣窣声打断，这声音最先从他旁边的草丛中传来，但是不久便转到了他头顶上老树的枝叶之中。它最初像是晚间的微风在吹动树叶，然而不久后又仿佛是小鸟儿在枝头吱吱地叫着，并将它们的翅膀淘气地来回扑打。然后一阵窃窃私语和含糊不清的声音出现了，仿佛花朵里传来了小铃铛的声音。安泽穆斯听着听着，然后，他自己也不知道怎么回事，那窃窃私语和叮铃铃声变成了不太完全的人的语言：
>
> “钻过去，钻进去，在树枝间，在花丛里，我们旋转、旋转、旋转！小妹妹，小妹妹，趁着朦胧的暮色飞吧——快呀，快呀，来来回回。夕阳金
> 42 光闪闪，晚风发出飒飒声，露珠在滴答，花朵在歌唱，我们也同树枝和花朵一起欢唱。星星很快将会闪耀——我们必须下降了。小妹妹，钻过去，钻进去，让我们在树枝间、花丛中旋转、旋转、旋转！”（Hoffmann，1969：63-64）

三条金绿色的蛇出现了，其中有一条用她“充满魅力的蓝色眼睛”带着“无法言说的渴慕之情”盯着安泽穆斯，让他立即就陷入了爱河。老树、风和阳光都开始和他说话，告诉他正是因为他新得到的这奇妙感觉让他能够理解它们的话。爱已经将树荫、微风和阳光都变成了能够

理解的语言。突然，一个父亲般的男性声音命令蛇回家了，留下安泽慕斯一个人紧紧抱着那棵老树，苦苦思恋着他那消失的爱慕对象——小金蛇，这让路过的行人感到特别奇怪。

上面谈到的多情的小蛇是有着有趣家世的塞佩蒂娜(Serpentina)。她父亲的身份之一是深受尊敬却有些性情古怪的旧手稿管理者——皇家档案馆馆长林德霍斯特(Lindhorst)，而他的另一个身份则是强大的“幽灵王子”——被亚特兰蒂斯帝国驱逐出来的一只神奇的火蝾螈。他只有将三个女儿嫁给拥有“孩童般的诗意特质的”(Hoffmann，1969：111)男性才能获得解脱。安泽慕斯在本质上有着诗人的特质，符合这个条件。为了测试他未来的女婿是否值得托付，林德霍斯特(他的名字大致可以被翻译为“龙之巢穴”，确实和他爬行类的身份十分相符)雇佣安泽慕斯抄写旧手稿，包括一份阿拉伯语手稿，然后是更神秘的、来自号称“《薄伽梵歌》(*Bhagavad-Gita*)专家”(Hoffmann，1969：105)的“奇异人物”的羊皮纸文稿。虽然受过书写训练，但笨手笨脚的安泽慕斯还是差点完不成任务，幸运的是塞佩蒂娜这次以人形出现，她的爱抚和鼓励帮助着安泽慕斯渡过难关。直到安泽慕斯被林德霍斯特的敌人影响，开始怀疑雇主的神奇身份以及塞佩蒂娜的存在时，那些奇怪的字迹才变得难以辨 *43*
认，以至于无法被抄写。它们“繁杂古怪、纵横交错的笔画”看上去像是“一面布满彩色纹理的大理石板或者一块青苔斑斑的石头”(Hoffmann，1969：119)。不过到故事的最后——经过了霍夫曼对神奇的滑稽戏剧和俗套的闹剧标志性的混合之后——爱情战胜了一切，安泽慕斯和塞佩蒂娜隐退到亚特兰蒂斯享受美满的婚姻生活。他们的精神境界被林德霍斯特描述为“生活中的诗歌，在诗歌面前，存在于万物之间的神圣和谐被揭示为最深邃的自然秘密”(Hoffmann，1969：136)。

易北河岸旁的开场故事描绘了一种与歌德笔下疲倦的流浪者类似的经历。窸窸窣窣声转化成了窃窃私语和含糊不清的声音，后者又奇妙地转化成了“不太完全的人的语言”。反过来，蛇的歌声产生于有节奏的拟声词，后者将蛇扭动的动作描述为精心制作的诗化语言。霍夫曼的童话将歌德的诗歌中未被考古学分析发掘的东西变得很清楚了：正是女性、爱或者自然的声音——这些在话语网络 1800 中基本是同义的概念(Kittler，1990：73)——让噪音顺畅地转变为声音，然后再转变为人的言语。爱让树木和爬行动物用人的语言说话，对写作而言同样是如此。要是没有塞佩蒂娜的话，安泽慕斯要面对的要么是无意义的自然现象(布满彩色纹理的大理石板或者青苔斑斑的石头)，要么是同样难以辨识的古怪书稿(阿拉伯语)。然而，受到爱情的鼓舞，安泽慕斯不仅能够毫不费力地抄写林德霍斯特的神秘手稿，而且能够听懂和理解他所抄写的内容。当抄写关于林德霍斯特的过往事迹和被放逐的奇妙经历时，安泽慕斯抄写的都是他听到的塞佩蒂娜说出来的话。

再一次，从自然到文化的无缝衔接被确立了。同样
44 是再一次，基特勒将这一衔接与语言教育的改变联系起来——如新的语言习得练习教导孩子们将所指合并为言

语，又如新的写作课教导孩子们将基本的笔画（垂直线、半圆、半椭圆）融合成可以被“自然地”理解和听到的字母以及言语。这恰恰是霍夫曼的故事中发生的事情。《金壶》中的写作场景“将一项简单的学校计划付诸实施”（Kittler，1990：97），它们显示我们阅读和写作的东西总是已经被听到和看到的方式。不管是由鹅毛笔还是由舌头控制，无意义的组成元素被组合在一起，成为有意义的单位。被这些文化技艺所标记的人类将会相信，没有什么是无意义的，因为所有东西总是已经位于意义的开端。除了保证恒定的语意丰盈性之外，基特勒所描述的新型教育学方法最重要的后果就是现代主体的出现：

> 用大写字母书写的任何人都不是一个个体（原文如此）……歌德时代创造出的伟大的超自然实体——文化知识、自传、世界历史——可以被视为一个连续和有机的流动，仅仅是因为它们是由流动的、草写体书写所支持的……发展出与众不同的书写笔迹意味着让个体得以产生。（Kittler，1990：83-84）

以上引文中的副词“仅仅”是经典的基特勒式表达（在最后一章中会出现更多次）。然而我们需要注意，基特勒在这里——仅仅或不仅仅——用最庄重的方式改述了哲学家黑格尔曾经的分析：

> 因此，如果我们首先把个体的特殊本性以

> 45 及与生俱来的和通过后天培养及教育获得的特性当成它的内在，视之为其行为和命运的本质，那么这种内在本质，首先就以个体自身的口、手、声音、书写笔迹以及其他器官与它们固定形态的特征作为现象和外在性。从那之后，它才开始进一步通过外在表达自己，以它在世界中的真实存在作为自己的外在性。(Hegel，1977：189-190)

基特勒的分析通过对黑格尔观点的倒置更新了后者。书写笔迹不再是一个已经存在的个体内在的外在现象，相反，正是通过对“口、手、声音、书写笔迹”的训练，内在的本质才得以产生。总而言之，主体、灵魂和精神(Geist)的崛起，所有象征福柯形而上学意义上的主体的不可言说的特质，**都和传播物质性发生的变化有关联**。字母在哪里，这些主体就在哪里。

在话语网络 1800 的封闭回路之内，现代的男性个体从女性(可以是实验意义上的母亲，也可以是任何一位恋爱中的塞佩蒂娜)那里接收语言。但自然或者女性并无法清楚地说话，所以必须由男性主体，如他们的父亲或是林德霍斯特那样父亲般的权威人物来教授写作，从而将女性或者自然的话语转化为诗歌与文学。首先，这个产品反过来会被许多女性读者阅读，她们因此将学会如何说话，而后能够教授语言。其次，这个产品会被黑格尔这样的哲学家阅读，这些哲学家依赖于浸透在体系中的意义之充盈的保障，将为那些从新的教育和文学实践中产生的主体提供形而上学层面的合理化和正当化。话语网络 1800 正是建立在“从自然到书本，再返回自然的无止境的来回穿梭”(Kittler, 1990: 91)的基础之上。

关于这些说话、写作和阅读的回路无疑有一些机制性的东西在起作用，基特勒自己确实将话语网络 1800 以 46
及他对话语网络 1800 的分析视为一个巨型的信息机器：

> 从根本上说，我将 1800 年前后的母亲、诗歌和哲学的历史线性化了：母亲生产出大量的词汇，然后文学接手过来，将它们变成了作品，接着哲学将生产出来的所有成果重新读解为理论。我将所有这一切形象化为一个电路配置图，这幅图解释了为什么诸如“反馈”这样的技术隐喻会突然出现。但它应该不仅是隐喻的问题。我希望用这样的方式组织整个文本结构。因此我真正注意到的是，母亲作为输入信息(input)进入诗歌的渠道，然后在另外一头出来时被哲学的存储媒介所收集到。这就是概念。从一开始，这本书就被设计为一台机器。(Kittler and Banz, 1996: 45)

这恰恰展示了话语网络的内涵：一整套大型的、具有历史偶发性的信息机器，其中有一台机器因为塑造了由那些熟悉诠释学所需技能的现代主体组成的新型核心家庭这一类文化实体，而变得格外引人注目。

四、你必须牢记这个：离经叛道的德语课程

此时此刻，那些不熟悉基特勒的读者（或许还会有些熟悉基特勒的读者）可能会加入对基特勒的惯常指控，对其论证的反直觉、古怪或完全离奇的特质大肆批判。无
47 疑，他那喜欢省略以及带有挑衅性的风格确实很容易招致这些反对意见。然而，在《话语网络 1800/1900》的最初版本以及基特勒其他一些早期著作出版约 30 年后，在 20 世纪 80 年代热火朝天的理论战争偃旗息鼓了 20 多年后[①]，我们越来越明确地发现，基特勒与那些德国研究中根深蒂固的正统思想是如此靠近。这里要特别指出的有以下三点：

1. 许多学者都同意，18 世纪晚期德国文学闯入世界舞台，离不开新教牧师以及他们的（常常叛逆的）儿子的努力。“新教牧师是德国哲学的祖父”，尼采——这位新教牧师的不肖儿子嘲笑道（Nietzsche，2002：24）。他还是德国文学的父亲。如果说巴黎孕育了法国文学，那么德国文学则来自乡村的牧师住所。“据计算，在生于 1676 年至 1804 年之间且用德语写作的重要文学家（包括哲学家在内）中，有 120 位不是研究过神学，就是新教牧师的孩子。”（Boyle，2008：10）

这个文化传统的标志据说就是**内在性**。内在性通常被翻译为内在或本质，它常常与新教的世俗化相联系，也

---

① 本书英文版出版于 2011 年。

常常与虔诚者的自我反省和自我观察实践有关，这样的实践意味着用头脑思索和用言语表述自己对上帝的情感。尤其是在启蒙的18世纪的后50年里，充斥在德国牧师居所中的被充分发展的宗教词库从它的宗教源头中脱离出来，被越来越多地应用于自然和其他人身上。有利的一面是，它带来了让人印象深刻的心理学专业知识、对主体构造过程的更敏锐的眼光[就像德语词"成长小说"(Bildungsroman)所显示的那样]以及对知觉、自我反思性和沟通的更深刻的意识，这种意识在谢林①(Friedrich Wilhelm Schelling)、费希特②(Johann Gottlieb Fichte)和黑格尔的唯心主义哲学中达到了顶峰，在尼古拉斯·卢曼③(Niklas Luhmann)的系统理论中又再次复兴。弊端是，它造成了对包括政治、社会和经济领域在内的一些更世俗化的问题的明显忽视，而这些问题在英语和法语文献中受到了更多的关注。于是，关于由全新的教育教学方法和哲学解释实践带来的诠释学上的充实与丰富，基 *48*

① 谢林(1775—1854)，德国古典哲学家，客观唯心主义同一哲学的创立者。代表作有《论宇宙精神》《自然哲学体系初步纲要》《先验唯心论体系》等。

② 费希特(1775—1854)，德国古典哲学家。作为哲学家，他寻求对哲学思想，特别是康德唯心主义思想的统一；作为爱国主义者，他试图唤醒德意志人民，要求国家统一。代表作有《全部知识学的基础》《自然法权基础》《论人的使命》等。

③ 尼古拉斯·卢曼(1927—1998)，德国社会学家，他发展了社会系统论，推动了结构—功能主义(structural-functionalism)向功能—结构(functional-structural)和问题—功能主义(problem-functionalist)的理论转变，从行动社会到沟通和语义学(semantics)社会的转变，从社会"机器"到自我再生(autopoiesis)的转变。主要著作有《社会的社会》《社会的艺术》《社会的法律》等。

特勒的考古学代表了宗教话语的世俗化和再功能化中的一个有趣的转折。研究德国文化史的传统方法宣称，最初由上帝加以保障的意义的丰富性后来被应用于自然以及人际关系之中(这就是为什么在很多情况下，很难辨识出歌德和他的同代人创作的诗歌究竟是对着上帝、耶稣说的，还是对着德国森林甚至德国姑娘说的)。根据基特勒的说法，意义的丰富性最初并不是由神圣力量来保障的，其保障者是从“母亲之口”传出的语言的自然起源。

2.虽然这个极具影响力的为了文学和哲学需要而推动的宗教话语的再功能化是一个标准的德国事件，家庭背景(familial setting)却不是如此。基特勒着力于探讨的新型儿童养育和语言教学实践可以说是工业革命开始时便影响许多西方社会重大变迁的组成部分，这个转变塑造了后来由弗洛伊德所发掘的所谓的无意识普遍性(alleged unconscious universals)。与此相伴的是，中产社会的公共领域和私人领域之间的裂痕越来越大，其中女性被排挤到私人领域。对此基特勒再明白不过，但是他并没有讨论由“资本主义积累蒸汽”[(capitalism gathering steam)既是字面上的，也是隐喻上的]引发的社会经济发展，而是将自己的分析限制于话语实践之中。然而，最终的结果看上去是一样的：当缪斯们和母亲们激发了灵感和提供了输入信息时，当读者和消费者聚精会神
49 地阅读着美学的输出产物时，基特勒笔下话语网络 1800 中的中产女性们就被排除在了**文化**生产之外，因为在基本的社会—历史性表述中文化生产是来自**物质**生产的。

3.然而，即便结合公共领域和私人领域的分化，宗教

话语的世俗化也不能完全解释18世纪与19世纪德国文学中常常被论及的漠视政治、“不谙世故”[①]以及的确有些偏狭守旧的现象。任何德国研究专业一年级的学生都可以对后面的特征作出解释:德国的中产阶级分散在七零八落的多个王国、公爵领地、小公国和城邦之中,经济上过于落后,政治上过于分散,不管它拥有怎样的活力和能量,这种活力和能量都会被首先引向(就如同安泽慕斯那里一样)行政事务以及知识事务。当英国的资产阶级开始着力于创造和开拓一个帝国的时候,当法国的资产阶级走向大街准备发动革命的时候,在政治和经济上过于弱小的德国中产阶级则聚集在政府办公室和讲座大厅里,追逐着思想上的帝国和革命。无论是海因里希·海涅[②](Heinrich Heine)的著名论断“德国哲学不过是法国革命的梦”,还是与罗伯斯庇尔将其政治敌对者送上断头台相对应的康德(Immanuel Kant)摧毁无根据的形而上学推论的哲学断头台,他们都一样拥有在政治上的敏锐感觉以及在历史和哲学上的精准判断力。人们一般认为法国人喜欢行动而德国人仅仅喜欢思考。不足为奇的是,19世纪和20世纪受过教育的德国人普遍认为,做一名德国人然后去理解还没有十足能力去做的事情,比做一名法国人然后去做一些没有完全理解的事情要更加可贵。虽然基特勒故意避开提及任何德国社会— 50

① 原文是unworldy,疑似为作者笔误,根据上下文判断应该是unworldly。

② 海因里希·海涅(1797—1856),德国抒情诗人和散文家,被称为“德国古典文学的最后一位代表”。代表作有《诗歌集》《哈尔茨游记》《论浪漫派》等。

经济历史的基本情况(正如福柯颇具挑衅意味地不对法国大革命表示出任何敬意一样),但是他的叙事最终讲述的还是差不多同样的故事。德国文化生产的著名顶峰——从歌德到席勒[①](J.C.F. Schiller),从霍夫曼到荷尔德林[②](Friedrich Hölderlin)的古典主义和浪漫主义文学,在黑格尔和克劳塞维茨[③](Carl Von Clausewitz)那里达到极致的哲学思考,格林兄弟和洪堡大学贡献的遗产——并不是崛起中的有产企业家们的经济优势带来的结果,而是国家官员、政府办事员以及被政府雇用的专家学者们努力的成果。当传统的解释聚焦于中产阶级如何被迫进入官僚机构时,基特勒却专注于研究以广阔的解释学知识来装备那些官僚的技术(techniques)。

正是歌德身上显著体现的(以及讽刺性地被霍夫曼笔下半爬行类的档案馆长林德霍斯特所浪漫化的)诗人和官员典范式的联盟,成为话语网络 1800 真正的主角。虽然基特勒从未明确声明,主体形成的技术以及对自反性的新主张是直接在为国家的服务中产生的,但他却清楚地表明了在国家和主体的诠释学之间有一个持续的反馈过程。变化的话语实践孕育了关于主体和适用于主体的文学,而国家则孕育了关于主体和适用于主体的管理

① 约翰·克里斯托弗·弗里德里希·冯·席勒(1759—1805),德国著名诗人、哲学家、历史学家和剧作家,德国启蒙文学的代表人物之一。

② 弗里德里希·荷尔德林(1770—1843),德国著名抒情诗人,古典浪漫派诗歌的先驱,曾被世界遗忘了将近一个世纪。

③ 卡尔·冯·克劳塞维茨(1780—1831),普鲁士军事理论家和军事历史学家,普鲁士军队少将。其著作《战争论》是军事思想史上第一部自觉运用德国古典哲学的辩证法系统总结战争实践和经验的军事巨著。

阶层。这里又要提到黑格尔，这位基特勒笔下的话语网络 1800 的伟大导演，为文化输出提供了在哲学上十分有见地的读解：自反性主体（内在于绝对精神中，且为绝对精神提供了基础）的最终框架，出现在只有在（普鲁士）国家框架之内才可能的历史阶段之中。对爱和意义的承诺——在《金壶》的表述中引发了对“所有事物的神圣和谐”之诗化认知——在公务人员的存在中得到了充分 51
体现。

那么，如果与对德国历史的标准化解读方式相对照，基特勒对话语网络 1800 的分析则意味着一系列饶有趣味的替换。在其他人思考宗教话语的新道路时，基特勒试图探索从“母亲之口”中传出的情色化话语感染力；在其他人聚焦于公共和私人的分野以及与之相伴随的性别分化时，基特勒强调着母亲—婴孩关系中的新型语言习得实践；在其他人查探社会经济和政治上不足的中产阶级群体向政府管理部门和大学的迁移时，基特勒强调哲学上被美化的诗人—官僚的诠释学专制主义。年轻的基特勒与其说是反叛者，倒不如说是异教徒。他并没有引入全新的思想，而是以新的角度重述了老故事。然而，愈发明显的是，新角度需要一个基础。在基特勒至今最具影响力的学术转向中，他开始把**媒介**作为话语体制的基础。

一、第二道难题：西德的歌

尼采，这位叛逆的语言学家和雄 52
心勃勃的作曲家，曾沉迷于音乐。他声称，《查拉图斯特拉如是说》（*Thus Spoke Zarathustra*）可被视为音乐。在他的处女作（同样也是事实上摧毁了他古典语言学教授职业地位的作品）《悲剧从音乐精神中诞生》（*The Birth of Tragedy from the Spirit of Music*）一书中，音乐也占据了核心地位。和尼采一样，基特勒是语言学的反叛者，也是对现代录音技术充满抱负的研究者。他也曾反复强调音乐——尤其是摇滚乐——在其作品中至关重要的地位。他写道，在话语网络的开端，“伫立着富格兹乐队（the Fugs）和他们的歌曲《将恶魔们驱逐出五角大楼》[①]（*Exorcising the Evil Spirits from the Pentagon*，Kittler，1990：372）。论文集《诗人 母亲 孩子》中包含了大门乐队（The Doors）《现代启示录》（*Apocalypse Now*）专辑中的颂歌《结束》

① 引用歌曲名有修改，与原歌曲一致。

(*The End*)包括歌词在内的总谱(Kittler,1991:99-103)。在他最新的作品《音乐和数学》(*Musik und Math-*
53 *ematik*)中,基特勒在尼采开始的地方——被音乐环绕着的古希腊——做了收尾。不过他这部最新作品是否会像尼采的处女作那样破坏自身的学术声誉,还有待考察。不过,除了可能例外的瓦格纳歌剧——这又是他和尼采的共同爱好——没有什么音乐能像平克·弗洛伊德那样对基特勒产生如此大的影响了。平克·弗洛伊德的歌词已经作为箴言出现在基特勒的论文里(Kittler,1977:26,161),30 年后,他们又为基特勒的《音乐和数学》提供了章节标题(Kittler,2006a:43)。在 20 世纪 70 年代晚期到 20 世纪 80 年代早期德国的学术环境中,将摇滚乐置于如此重要的位置仍会被视为与礼不合。事实上,基特勒将平克·弗洛伊德的 LP 专辑当成参考文献的习惯,后来也被当作一个后结构主义侵蚀学术话语和文学话语界限的例子引用。不过,基特勒对“平克们(原文如此)”(Kittler and Maresch,1994:95)所做的最有意思的研究还是在 1982 年,当时他解读了乐队最著名的歌曲之一,收录于 1973 年的专辑《月之暗面》(*Dark Side of the Moon*)中的《大脑损伤》[①](*Brain Damage*)(Kittler,1982)。

歌德和平克·弗洛伊德极少被同时提及。不过,如果从后文看,读者会饶有兴致地注意到《大脑损伤》和《流浪者之夜歌》不无相似之处:与《流浪者之夜歌》一样,《大脑损伤》中物的声音和人的声音又一次给孤独的听者带

① 如需了解具体歌词,请上网查阅。

来冲击。这种冲击在《大脑损伤》中同样也是沿着清晰可辨的阶段展开的(歌德的诗歌中是山峦和树木,《大脑损伤》中则是草地和走廊)。谁结束讲话或唱歌,对象是谁,这发生在谁的头脑中,在《大脑损伤》中也同样不是很清楚。最重要的是,基特勒又一次绕开了那些惯常的解释——诸如这首歌是关于忧虑、异化或者关于我们对“那孩子”抑或“住在内心中的真正的人”无力回应(Roger Waters,转引自 Jones,1996:101)之类的解释。他提倡将分析对象从内心转向外部世界,从人性的真实需求与信息转向规则、条件与(技术的)标准。就像对歌德诗歌 54
的处理方式一样,基特勒没有将《大脑损伤》视为一首需要阐释的歌曲,而是将其视为一种“关于话语渠道条件的话语”(Kittler, 1982:473)。他将《大脑损伤》解读为一个极其引人注意的高科技声学事件——该事件引人注意的特质来源于关于声音技术进步的一个微妙且有自觉意识的表演。基特勒认为,《大脑损伤》追溯和表现了录音技术的历史,它简直就是通过音乐展现的摇滚乐谱系,成功地将自我表演同技术与疯狂产生关联的方式联系起来。

在歌曲的第一节中,“疯子们”位于外面的“草地上”,他们不太清晰的说话声和笑声距离听者是如此之远,以至于几乎无法确定他们的位置。“第一节是贫乏的单声道声音录制的时代”(Kittler,1982:471)。然而,到了第二节,疯子们在大厅里,这个大厅被阐述为“我的大厅”:

> 由于物主代词的作用,大厅和人们听到或

> 者说出的声音之间已经有了一个特定的空间关系。大厅在空间上有足够的临近性,这为人们在声音上区别是左还是右,是一个疯子还是许多疯子提供了条件。这恰恰是《格兰彻斯特草甸》(*Grantchester Meadows*)最后用声音构筑的阶梯运作的方式:在其之上,步伐从左向右迈进,直接从房间里的黑胶唱片传到听者的耳朵中。因此,第二节是高保真和立体声的时代。(Kittler,1982: 471-472)

最终,"疯子在我的头脑里"。得益于声音录制技术的进步,从各个方向传来的物的声音和人的声音包围着听者并将他(她)占据。这在很大程度上归功于"方位协调器"(Azimuth Coordinator)的发明。基特勒错误地认
55 为是平克·弗洛伊德的创始者和首位主唱西德·巴勒特(Syd Barrett,1946—2006)发明了这一扩音设备,然而,事实上,它"本来是伯纳德·斯佩特(Bernard Speight)制作的一个粗糙的仿立体声录音设备。为了制作它,这位来自艾比路(Abbey Road)的技术工程师使用了四个大型变阻器,并将它们的旋转角度从 270 度调整到 90 度"(Cunningham, 1997[①])。与初步的四声道扩音系统——用更浅白的话来说就是房间四周设置的几个喇叭——相结合,形成的整体效果就是声音涌入眩晕的耳朵,后者再也无法辨认物的声音和人的声音从何处来,以及它们究

---

① 此处似作者遗漏年份(参考文献内有对应资料),故而补上。

竟是在听者的大脑内部还是外部。“听觉媒介的激增翻转成一种内爆,以短促而直接的方式冲击至知觉的最中心。”(Kittler,1982: 472)大脑之中所有的东西都变得来自外在。在《留声机 电影 打字机》(*Gramophone, Film, Typewriter*)中,基特勒也用类似的方式分析了戴维·吉尔默[①](David Gilmour)的《原子心母亲》(*Atom Heart Mother*)专辑中的歌曲《胖胖的老太阳》(*Fat Old Sun*),歌词中这样写道:“如果你看见[②],不要作声,轻轻地抬起你的双脚离开。”换句话说,当听者在唱机上放上一张唱片开始听“银色声音”的时候,他(她)就被要求做出一个特定的静默姿态。

> 这里散播开来的确实是一种奇异且人们未曾听闻过的银色噪音。没有人知道是谁在歌唱——也许是戴维·吉尔默的歌声,歌中传来他的声音;也许是听众,尽管他们没有出声,但等到所有的条件都已满足,奇迹发生时,就会放声歌唱。声音技术与自我意识之间难以想象地接近,反馈回路在传送者与接收者之间形成了一种幻象。歌曲在听者耳边萦绕,敦促他放声歌唱。音乐产生于大脑内部,而不是来自立体

---

① 戴维·吉尔默(1946—),英国音乐家,平克·弗洛伊德的吉他手、主唱,及团内的词曲创作者之一。

② 此处应为作者笔误。书中引用为“And if you sit don't make a sound”。译者查阅基特勒《留声机 电影 打字机》的原书与平克·弗洛伊德《胖胖的老太阳》的歌词后,确定原文应为“And if you see don't make a sound”。

声喇叭或是耳机。(Kittler，1999：36-37)

56 根据德里达的说法，我们能够听到自己说话(基特勒可能还会加上唱歌)这一事实，对持久的“在场的形而上学”(metaphysics of presence)而言，是一个锚定点(anchoring point)。哲学意义上具有预示性的内在声音，在歌德的诗歌中，仅仅能在词语的象征语域产生。然而，在新媒介技术的条件下，现在这样的内在声音可以在我们的大脑里通过技术模拟产生。与从舞台上的歌手那里传来的声音不同，这些声音“在我们的双耳中形成内爆……仿佛在录制的声音和听者的耳朵之间已经没有任何距离，仿佛这些声音直接从嘴巴沿着自我声音感知的传送骨骼进入内耳迷路之中，幻象变成了真实”[1]。在先前的表达中，歌曲可能讲述的是爱与死亡，而如今，歌曲讲述的是内爆：“《大脑损伤》歌唱的不再是爱或者其他此类主题，它成为声音与听者耳朵之间的一种单纯反馈。声音要表达的恰恰是声音的运作效果，这超越了传统欧洲试图从《圣经》或者不朽的诗人那里获得的所有效果。”(Kittler，1982：475)

那么，这首歌的歌名中所称的“大脑损伤”究竟是什么呢？正如歌词中提到的，它显然指的是“有个人在我的头脑里，但他不是我”。在这里可以引出三个层面的分

① 此处应为作者笔误。基特勒的《留声机 电影 打字机》内原文为“as if voices traveled along the transmitting bones of acoustic self-perception”，本书作者引用时漏了 acoustic 一词，加上“声音”后意义会更连贯和清晰。

析。第一个层面是传统的解释。这个解释重述了关于平克·弗洛伊德的民间传说。根据这一说法,《大脑损伤》与《闪耀吧,你这疯狂钻石》(*Shine On You Crazy Diamond*)[①]类似,是对西德·巴勒特的赞歌。通过对遗憾和安慰这两种态度的矛盾的混合,这首歌让人联想起巴勒特从乐队的退出,以及他在"介于致幻剂精神错乱和竞争分裂症之间的、症候上的无主之地"(Kittler,1982: 469)的流亡——这一无主之地又被称为"月之暗面"。不过,根据基特勒的解读,《大脑损伤》暗指的还有可能的被排斥者的回归,或者说是回归为被排斥者。因为这首歌完全可以根据它的歌名来归纳,在这个情形里,该乐队能够真正开始演奏"不一样的"曲调,从而加入他们原主唱的行列,投身于月之暗面(疯狂的状态)之中。通过使用最 *57*
新的录音技术,"大脑损伤"便能够以疯狂的方式来表演关于月亮的古老联想了。

第二个层面很明显受到法国后结构主义中德勒兹或者早期福柯思想的影响,这一层面围绕着这样的问题展开:什么是疯狂?或者说,在理性的时代,什么东西听起来是疯狂的?对此的回答是:疯狂是一种对我们说话的规则、礼仪和习俗难以抑制且无休无止的谈论。用基特勒的话说,这就是无法停止的"关于话语渠道条件的话语"(Kittler,1982: 473)——如果被压缩成一个德语复合词,这一分析看上去会更加令人印象深刻——关于**话语渠道条件**的话语(ein Diskurs über Diskurskanalbedingun-

① 该歌曲名中第1、3、5个单词的首字母组成了SYD,即西德·巴勒特的名字。

gen)。显然，将此视为疯狂的前提是，理智的话语需被视为一个匿名的主体所主导的个人言语行为。心智正常意味着掌控自己说的话，疯狂则是无休无止地谈论让你说话的东西的冲动。“疯子们”(以及工程师们)对此非常清楚：“疯子们似乎比他们的医生更了解情况。他们清楚地说明了，疯狂不是用隐喻的方式含糊不清地说着他们脑子里的无线电传输器，恰恰相反，它是一个技术的隐喻。”(Kittler，1982：472f)我们马上可以想到的常见情况是：疯疯癫癫的流浪汉，在地铁上叽里咕噜地唠叨着中央情报局在他头脑中植入的远程控制装置。

这就指向了第三个层面，也是真正的基特勒意义上的层面：《大脑损伤》表演着自身。这是一段复杂的录音，它如此深入地用技术模拟自身的歌名，以致疯狂和音乐已经无法作为外在声音和内在声音被截然分开了。不同于歌德的《流浪者之夜歌》只能通过写作来描述闯入的声音，《大脑损伤》则操纵着声音，进而表演着媒介技术结构，正是这一媒介技术结构通过让我们说话使我们得以成为我们。《流浪者之夜歌》是一首诗，它宣示和展示出
58 诗歌可以做什么，同时让我们感受到诗歌的效果是如何产生的。《大脑损伤》则是一首歌，它通过给出自身技术模拟的谱系学，唱出了它被唱出的条件。当然，这就是二者的差异：歌德必须依赖文字，而平克·弗洛伊德则在媒介技术的领域中工作。

二、没有灵魂的脑壳：话语网络 1900 中的媒介技术

在 20 世纪 80 年代早期，基特勒开始将视线完全聚焦于媒介。在今天看来，他从话语分析到“Medienwissenschaft”（“媒介研究”，字面上更准确的翻译是“媒介科学”）的转向是合乎逻辑和必然发生的。为了给福柯的知识型机制（epistemic regimes）和拉康的精神标记（psychic inscription）提供坚实的历史落脚点，基特勒详实地分析了 18 世纪晚期和 19 世纪早期传播的物质性特征。在时间上再向前一步，来到 19 世纪晚期和 20 世纪早期，新型模拟录制和存储技术挑战了古腾堡星系中用手书写和印刷复制技术的统治地位，基特勒也对这些新技术做了类似的聚焦式研究。然而，这不仅仅是从话语网络 1800 中的古腾堡式书写实践到话语网络 1900 中的爱迪生式媒介的发展，更是对一个基本事实的认识，即前者曾经同样且始终是媒介技术。在基特勒看来，这是福柯未能意识到的。福柯在巴黎、华沙和乌普萨拉的图书馆中寻找文献时，“恰恰忘记了”这样的事实：“即使书写本身，在没有进入图书馆之前，也是一种传播媒介。”（Kittler，1999：5）在 59
福柯的整个学术生涯中，他始终是一位档案和图书馆的思考者而非技术的思考者，虽然福柯对话语机制和效果的检视令人钦佩，但是他却回避了话语网络转变为由现代存储和录制技术主导时会发生什么的问题。“正因为如此，在其他媒介进入图书馆的书库之前，他所有的分析

都已即刻瓦解。话语分析并不能适用于声音档案或者成堆的电影胶片。"(Kittler，1999：5)简言之，基特勒对福柯的观点进行了技术化的处理和推进。就像马克思对黑格尔的学说所做的那样，基特勒为福柯的话语分析增加了媒介技术这一基础。

不过，就像歌德的《流浪者之夜歌》和平克·弗洛伊德的《大脑损伤》之间的比较所表明的那样，写作可能是一种"传播媒介"，但是它与照相机或者留声机的运作方式是不同的。为了强调它们的区别，基特勒冒着同义反复的风险，将后者称为"技术媒介"(technische Medien)。那么，它们之间关键的区别是什么呢？写作依赖一个象征网格来运作，这个网格要求所有的数据都"穿过能指的瓶颈"(Kittler，1999：4)，而留声机、摄影术和电影[①]这些模拟媒介处理的是实在的物理效应。歌德诗歌中的树木与鸟儿是和真实的事物有着相当距离的字符，而树木的照片和鸟鸣的录音则预设了——至少在前数字时代——树木和鸟儿在某个时刻就在旁边。在这样的语境下，基特勒引用了电影理论家鲁道夫·阿恩海姆[②](Rudolf Arnheim)关于媒介复制的观点："它们不仅仅要与原物类似，还要确保这种相似性达到仿佛照片中的事物是原物机械化产物的效果——就好像现实中的事物在光源下将自己

① 书中的 cinematagraphic 似为拼写错误，正确写法为 cinematographic。

② 鲁道夫·阿恩海姆(1804—1994)，德裔美籍作家、美术和电影理论家、知觉心理学家。他是格式塔心理学美学的代表人物，曾任美国美学协会主席。代表作品有《艺术与视知觉》《视觉思维》《走向艺术心理学》《作为艺术的电影》等。

的图像直接印刻到胶片上一样。”(Kittler，1999：11-12) *60*
艺术让位于媒介，美学风格则被技术标准所替代。

这个区分非常清晰易懂，即便是 20 世纪 80 年代的德国语言文学家也能理解。然而，关于其引发的后果，则出现了一些问题和争论：如果 18 世纪传播的物质性确实作为手段参与到诸如灵魂、主体以及国家这些重要的文化实体的建构之中，那么话语网络 1800 中被诠释学美化的写作技术被话语网络 1900 中的模拟媒介所取代，一定会在最基础的层面上对文化施加影响。在爱迪生时代，灵魂发生了怎样的变化？对此，《话语网络》第二部分有一段篇幅很长且晦涩难懂的叙述，更加易懂的阐述则可以在《留声机 电影 打字机》中找到——这本书被基特勒描述为“写给孩子的《话语网络》”(Kittler and Weinberger，2009：100)。为了把握媒介转换的影响，最好是将其关键组成部分选择并分离出来，然后做简化处理。

基特勒将 19 世纪模拟媒介的发展和与之相关的技术创新，以及对人类认知和感知研究上的同步进展联系起来。心理物理学研究和媒介技术进步之间关系的确切性质并不十分清楚，这种关系看上去是大脑数据处理和技术数据处理之间不断互相模仿的过程中的一种反馈。就像基特勒指出的那样，这种转变发生在 19 世纪中叶，如我们所料，在基特勒的语境里，这种转变的最初发生与战争以及毁坏相关联：

> 自然，最无情的实验者，通过中风以及头部中弹带来的损伤，使人脑的某些区域彻底瘫痪。

> 61 研究(自 1859 年索尔福利诺战役之后)仅仅被要求用来测量它导致的阻碍,进而在解剖学上更精确地区分言说中不同的子规则。感觉性失语症(听取信息时)、失读症(阅读过程中)、表达性失语症(讲话过程中)、失写症(书写过程中)非常清晰地展现出大脑的运作机制。(Kittler, 1999: 189)

怎么把“中弹带来的损伤”归于“自然”,这恐怕不在基特勒的解释能力之内,但基本的论点是明确的:残疾或者损坏的头脑将认知子程式隔离出来并予以强调。从方法上看,这并不是个全新的主意,最早为其提供科学依据的是法国生理学家克劳德·伯纳德[1](Claude Bernard, 1813—1878),不无巧合的是,这位生理学家对马歇尔·麦克卢汉(Marshall McLuhan)同样重要。作为实验医学的奠基人,伯纳德提倡探索性解剖对诊断工作的好处是:取出肝或者脾,然后观察并测量这会导致的生理变化,这样便可确定被取出的器官的功能。对于基特勒而言,这种通过机能障碍确定功能的做法,同样适用于认知的运作:“失明与失聪,正如它们对言说或者书写造成的影响,会产生其他情况下难以达到的效果,即在人这一信息机器上生成信息。”(Kittler, 1999: 189)用更酷炫的基特勒式语言来说,就是“残疾和智力障碍人士仿佛尸体一般躺在通向今天的技术道路上”(Kittler, 2010: 120)。

---

① 克劳德·伯纳德(1813—1878),法国生理学家,首先提出盲法试验的人之一,实验生理学奠基人。

二者的区别在于，肝、脾以及肾脏被视为分离的器官，而说话、写作、聆听或者阅读在传统上则被归入诸如精神（Geist）或者意识（Bewusstsein）之类更宏大的主题。在这里，基特勒对断裂的强调再次显露出来。正如前面的章节所描述的，话语网络 1800 最根本的精神技术之一 *62*
是书写单位与声音和视觉符号之间流畅的、毫不费力的互相转换。正是因为听、说、读、写之间界限的系统性模糊，使得语言被建构成了一种同质化的元媒介（alpha-medium），能够将自然和文化编织在连贯的意义之中，这点受到许多作家和哲学家的不断探索和开拓。这种数据处理技术的融合带来的最终结果是一个掌握语言的主体，因为主体看上去完全掌握了语言被生产、记录和传播的不同方式，因而所有的东西都无缝融合在一起。这种连贯性被常与贝尔、爱迪生这样的开拓者和工匠联系在一起的媒介技术转变摧毁了。这种转变的本质是**数据流的技术性分化**（technological differentiation of data streams），以及随之产生的**存储和处理实时数据**（store and manipulate real-time data）的能力。新的摄影和留声机媒介为视觉及听觉数据提供了自身的存储和传播渠道，这些渠道不再依赖象征的媒介作用（symbolic mediation）。一直以来，由熟悉字母排序的读者经过训练的头脑才能想象出的景象与声音，现在直接被展现给眼睛和耳朵。另外，随着打字机的产生，写作本身也被机械化了——这种机械化将双手与写作界面分隔开来，用分离的、标准化排版的字母替代了纸张上墨水绵延不断的流动（这对黑格尔和林德霍斯特来说十分重要）。

这带来的影响是巨大的。比如,这不可避免地导致文学地位的下降。文学在话语网络 1800 中享有的地位依赖于它积极地表现、维持和利用被归于语言的根本解释学特征。霍夫曼的《金壶》——这则倾囊相告了话语网络 1800 的故事——充满了炼金术般的参考资料和叙述,
63 而阅读已成为一种思想的炼金术:它将铅字转化成想象的黄金,也将符号转化成景象与声音。阅读是对情操的培养和陶冶,是将文化和自然的根本秩序内化,也是穿越存在的广阔区域对意义帝国的拓展。阅读是要将无意义的噪音从无所不在的意义中驱逐出去的实践,而这些都因为新模拟媒介的到来改变了。基特勒认为,文学不可避免地被贬低,失去了它的文化重要性。当声音与视觉数据可以直接被录制、存储和传送,而不需要诉诸象征的媒介作用时,又何必用词语来模拟它们呢?当新技术可以存储和处理实时数据流时,又何必用语言笨拙地来表达时间呢?用哈姆雷特的话来说,留声机和摄影存储设备非常清楚地表明太阳底下的所有文本不过是"词语,词语,词语"。在这样前景黯淡的中间条件下,作家们面临两种选择:要么隐入(后)现代主义文章的神秘领域,要么毕恭毕敬地展开对新技术的模仿。换句话说,他们要么成为詹姆斯·乔伊斯①(James Joyce),要么成为迈克尔·

① 詹姆斯·乔伊斯(1882—1941),爱尔兰作家、诗人。20 世纪最伟大的作家之一,后现代文学的奠基者之一,其作品及"意识流"思想对世界文坛影响巨大。主要作品有《都柏林人》《青年艺术家的自画像》《尤利西斯》《芬尼根的守灵夜》等。

克莱顿[1](Michael Crichton);要么创作《芬尼根的守灵夜》(*Finnegan's Wake*)那种自我反思、自我封闭、无法被拍成电影的文字艺术,要么创作《侏罗纪公园》(*Jurassic Park*)那种追求成为剧本的文本。在机械复制和数字复制的时代,文学的命运要么是媒介内部的自我封闭,要么是媒介之间的顺应服从。

毫无疑问,这样的诊断既粗糙又简略。基特勒既没有兴趣了解19世纪的小说是如何努力适应正在兴起的技术媒介的,也没有兴趣考量20世纪的叙事散文应对模拟和数字技术的灵活方式(更详细的分析参见:Wutz, 2009)。不过,关于基特勒对现代文学的简化意见的合乎 *64*
情理的批评,往往遗漏了一个关键点——这个关键点对基特勒作为"后结构主义的"媒介理论家的惯常标签提出了疑问。如果模拟媒介的影响与它们能存储和传播声音以及视觉数据(这些数据以前只能通过象征的方式在写作中被编码)的事实相关,这是否意味着前后两种媒介并无关联?但如果二者确实有关联的话,这样的媒介转换是否真的是让所有关于延续性的讨论都行不通的关键断裂之一呢?瓦尔特·本雅明在《机械复制时代的艺术作品》(*The Work of Art in the Age of Mechanical Reproduction*)中有过这样的著名阐释:"每种艺术形式都呈现出一些关键阶段,在这些阶段中,一个艺术形式会努力追求一种只有技术标准发生变化后才能完全产生的效果。"

---

① 迈克尔·克莱顿(1942—2008),美国著名畅销书作家和影视导演、制片人。他最著名的作品是科幻和医学惊悚小说,根据他的《侏罗纪公园》改编的电影是历史上票房收入最高的电影之一。

(Benjamin，1969：237)的确，话语网络 1800 中的阅读实践创造了一种对媒介体验的需求，而只有后印刷技术能够满足这种需求。阅读在诠释学层面上所提供的教化为它的替代品提供了基础。

在这里我们可以观察到，基特勒和关于他作为“后结构主义的”理论家这个不容置疑的标签逐渐拉开了距离。一方面，他向媒介研究的转向印证了他对断裂的强调，这一强调既具纲领性又引发了争议。福柯认为，知识型的改变既无规律[1]也无原因，基特勒则断言这种改变与媒介的转变（至少是转变的媒介实践）有关。留声机、电影和打字机结束了话语网络 1800，开创了话语网络 1900。歌德的时代没有模拟媒介（如果有的话那个时代将有很大不同），因此在模拟媒介时代没有歌德之类的人物。另一方面，基特勒是一位优秀的历史学家，他坚信完美的媒介
65 概念。新媒介并不是像流星或者来自外星的变形金刚一样，毫无预示地从天而降。但鉴于他反对用社会语境、经济规则或者单个/多个主体的愿望来理解技术创新时所表现出的强烈的反社会学、反经济学、反人本主义的偏向，对他而言，唯一剩下的解释方式就是认定一个由内在动力所驱动的、自发的媒介技术演化。关于古腾堡的活字印刷，基特勒写道，它“生产出了取代它的技术——从摄影术到计算机——从一开始就为它们提供了可能。它是一个让其他媒介获得自由的独特媒介”(Kittler，2010：67)。媒介会对其他媒介产生反应，“它们按照逐渐升级

① 这里用的 rhyme(韵律)似有错误。译者推测作者原意应用 rhythm(节奏、规律)。

的策略性应答节奏相互跟随”(Kittler，1997:121)。人类充其量不过是一路陪伴而已。更确切地说，在媒介不需要人类参与其中即可进行交流与进化之前，人类是使这一进程得以维持的节点与运算符。然而，这种观点与其说有点像技术化的福柯，倒不如说更像升级版的黑格尔。这是一个隐藏的宏大叙事，我们在后文还将对此做进一步讨论。

回到话语网络 1900 中被侵蚀的文化产物上：文学可能是重要的，但针对语言问题它的重要性下降了。在新媒介技术条件下，语言发生了什么变化？考虑到话语网络 1800 中恭顺的语言和有控制力的主体的共谋，语言正在改变的地位是如何改变了“所谓的人”？在这里，我们进入了基特勒的分析中最才华横溢和发人深省的部分。又一次，一个文学文本构成了一个有用的秘密入口。如同《金壶》对理解话语网络 1800 的作用一样，这个文本对理解话语网络 1900 同样有用。不幸的是，这个文本太过出名，以致很少有人愿意再进一步阅读它：这个文本就是布莱姆·斯托克[①](Bram Stoker)的《德古拉》(*Dracula*)。

三、德古拉的留声机遇上了查拉图斯特拉的打字机

读者们都知道这个故事。德古拉伯爵(Count Dracu- 66

① 布莱姆·斯托克(1847—1912)，爱尔兰小说家。他一生写就了大量以超自然邪恶幽灵为主要内容的长、中、短篇小说，其中尤以描写吸血鬼的《德古拉》令人瞩目。

la)——斯托克笔下来自东欧偏僻森林地区的中世纪统治者,计划将英国也变成他的不死领地。为了实施这项"反向殖民"(Arata, 1990)计划,德古拉伯爵学习了英语,研读了卡尔·马克思(Karl Marx)最爱的读物——维多利亚时期的经典名著,并将前来特兰西瓦尼亚(Transylvanian)出差的不幸的房地产经纪人乔纳森·哈克(Jonathan Harker)留了下来。并且,为了在踏入并控制英国领土之前招募可供自己随意驱使的奴仆,德古拉通过心灵感应术在一名叫伦菲尔德(Renfield)的男人身上施加了远程控制,让他不得不待在精神病院里疯狂地呼唤着"主人"的到来。通俗地说,伦菲尔德疯了。然而,什么是疯狂呢?或者,用更慎重的方式表述就是:在理性的时代,什么听上去是疯狂的呢?疯狂,是显而易见的对控制个人表达的无能为力,尤其是当失控的对象恰恰对你想表达的东西极为重要的时候。换句话说,疯狂,是关于"话语渠道条件的话语"(Kittler, 1982: 473)最具展现力的形态。显而易见的是,将此称为疯狂假定了这样的前提:即"话语被理解为个人的言语行为"(Kittler, 1982: 473),这样的言语行为由一个自治的主体负责,它绝不仅仅是一个附属于话语和媒介技术结构的说话机器,也不是表演腹语或口技用的木偶。因此,诊断和控制伦菲尔德失控行为的来源得耗费不少气力。

伦菲尔德的主治医生是杰克·苏厄德(Jack Seward),他的诊断实践同基特勒对斯托克小说的反复解读(参见Kittler, 1997: 50-84; 1999: 86-87)有着相当多的关联。苏厄德意识到,通过直截了当的理性分析是无法理解病

人的疯狂症状的。相反，他自己的思维过程——更精确地说，是还没有进入意识的无意识过程——必须和伦菲 67
尔德的思维进行匹配。通过某种方法，伦菲尔德的无意识会转移和映射到苏厄德的身上。沿着这个方法苏厄德就可以研究自己的无意识，然后在此基础上揭示困扰着伦菲尔德的东西。“他（伦菲尔德）的疯狂似乎存在着某种规律，我脑中最初的想法也在渐渐成熟。它很快就会是成型的观念了，那时，哦，无意识的活动！你必将给你的无意识作出清楚的界定！”（Stoker，1975：71）这听上去像是一个不可能的任务，但是苏厄德医生手头恰好有合适的工具：一台留声机。确实，在小说《德古拉》中有很多留声机，这非常奇怪，因为爱迪生—贝尔电话公司开出的过高价格让英国人从来没有对留声机表示出太多的兴趣（Gelatt，1977：101）。苏厄德医生聆听病人说的话，然后奔到留声机旁记录下自己无保留的联想，后者一旦被转录并被有意识且审慎地检视时，就可能揭示伦菲尔德漫无边际的胡扯背后的东西。故事最终动用了两台留声机：一台是真实的，苏厄德医生用它来记录自己的联想；另一台则是苏厄德医生的无意识，它利用新型录音设备不加选择的接受能力记录下伦菲尔德的无意识。

基特勒对这个被技术便利化的双重多语症（double logorrhea）的解读既明确又富有创造性：苏厄德医生身体力行的，正是弗洛伊德根据他一位病人的意见而命名为谈话疗法的东西，但这种谈话疗法实际上只是**操演了弗洛伊德仅仅通过隐喻的方式提及的东西**。弗洛伊德指出，精神分析师面对病人毫无保留的谈话时需要打开自己的心灵(mind),从而在他自己的无意识和病人的无意识之间建立起直接的沟通——如果不是某种方式的沟通：

> 如果将其定为一个准则，即医生或精神分
> 析师必须使自己的无意识像一个善于接纳的器
> 68 官一样转向传递病人的无意识。他必须调整自
> 己以适应病人，就像一个电话接收器被调整以
> 适应传递(声音)的话筒一样。正如电话接收器
> 在为声波设立的电话线中把声波转换成电信号
> 一样，医生的无意识能够从(病人)向他传递的
> 无意识的派生物中，重新构建支配病人的自由
> 联想的那种无意识。(Freud, XII, 1962: 115-116)

基特勒读解这类语段的方式很大程度上类似于弗洛伊德聆听病人说话的方式。就像是试图揭示病人在压抑什么，并将无意识和次语言的线索置于有意识的表达之上的精神分析师那般。基特勒则将弗洛伊德引介的东西当作隐喻与对比。精神分析不是**像**留声机和电话，它**就是**留声机，因为它接受并且推动了话语网络 1900 中人类被技术标准决定的新方式：

> 弗洛伊德的物质主义恰好仅在他那个时代的信息机器中才合乎逻辑。他没有再做关于精

> 神的策源地的梦[1],而是描述了一种“精神装置”(弗洛伊德绝妙的选词),后者使得所有可能的传输和存储媒介得以生效。(Kittler,1997:134)

精神分析以留声机为前提。弗洛伊德(和苏厄德)的谈话治疗的关键在于,“所谓的人”并不掌握着语言。语言是可以被记录的数据流,而且,恰恰是语言可以被记录、转录以及审视的事实,表明了它是一条根据自身规则运行的数据流。不久以后它将会背叛而不是不断地服从 69
说话者这一意识主体。于是,对无情感的机械声音录制技术的采用,构成了重新思考语言之根本性的主要促成因素,这一重估的核心是说话者和语言关系的逆转。我们并不是在说话,而是被说出来。我们都是被远程控制了的伦菲尔德,都是《大脑损伤》的歌唱者,我们不再能分辨内在和外在的声音。正如本章开头在对平克·弗洛伊德难题进行分析时所提及的,话语网络 1900 揭示了疯狂——不能制造作为个人言语行为的话语——才是世态的真相。“精神病人其实比他们的医生了解更多的东西。他们清楚地说出了疯狂是……一种技术的隐喻。”(Kittler, 1982: 472f)在亚瑟·查尔斯·克拉克[2](Arthur C. Clarke)的著名表述中,所有足够先进的技术

① 这里似为作者笔误。Sprit 应为 Spirit。

② 亚瑟·查尔斯·克拉克(1917—2008),英国科幻小说家。作品包括《童年的终结》《月尘飘落》《来自天穹的声音》《帝国大地》和《2001》等。还与人合作拍摄富有创新的科学幻想片《2001 年太空漫游》。与艾萨克·阿西莫夫、罗伯特·海因莱因并称为 20 世纪三大科幻小说家。

都与魔法密不可分。对基特勒而言，所有足够先进的媒介技术都与疯狂密不可分——至少当我们相信自己对言语行为的掌控是理性的标志时。

苏厄德医生从来没有真正发挥好他的小工具的潜能。他未能理解伦菲尔德在说什么，也未能从德古拉那里拯救出他的爱人露西·韦斯特拉(Lucy Westenra)，导致这位女士成为德古拉的受害者中第一个也是唯一一个英国中产阶级女性。打败这位吸血鬼不仅仅要靠大蒜和谈话疗法，事实上，最终打败德古拉的是被完全动员起来的媒介体系，包括几台留声机、一台柯达照相机以及电话在现代文学中的首次客串出演，对英国邮政系统的大量使用、几个送信的男孩以及一个发端于克里米亚战争的跨大洲电报系统(参见 Winthrop-Young, 1994)。斯托克的小说确确实实是“关于技术媒介最终战胜旧欧洲吸血暴君的英雄史诗”(Kittler, 1999: 86)。德古拉对他自己
70 身处的危险境地非常清楚，他一度毁坏了所有的手稿以及苏厄德的留声机圆筒，但他并不知晓在保险箱中还存有副本。吸血鬼在与机械复制的力量对抗时毫无胜算。

不过，最重要的工具还要属米娜·哈克(Mina Harker)的打字机，因为它可以忠实地转录日记、信件、日志以及唱片，所以对揭露德古拉的计划、行动以及藏身之处十分有用。对基特勒而言，米娜的文秘技能是斯托克小说中紧随苏厄德的留声机之谈话疗法后的最有意思的特色。米娜过去是一名校长助理，掌握速记法和打字技能，但是她不愿意以“新女性”的面貌将她抢手的媒介技能奉献于社会进步。与之相反，她表现为一位身处话语网络 1800

中的女性，乐于鼓舞他的未婚夫乔纳森，并且接收乔纳森从特兰西瓦尼亚寄来的信件。然而，为了调动必需的数据处理设备以打败德古拉——德古拉的蓄意收购可以被读解为只有通过信息商品的加速和整合才能克服的19世纪[①]控制危机（Winthrop-Young，1994）——需要米娜的技能，于是米娜变成了"一个巨大信息网络中的核心中转站"（Kittler，1990：354）。米娜的职业生涯体现了身处话语网络1900中的女性的命运。话语网络1800中的性别闭环被打破了，之前作为缪斯和读者分别被限制在输入和输出位置的女性，成为话语生产不可分割的一部分。她们现在在这样的一个职业层次上工作，就像在家庭的私人空间里米娜想专门为乔纳森工作那样，"记录下他想要说的东西……然后为了他在打字机上把这些东西打出来"（Stoker，1975：58）。

如果，正如威尔伯瑞（Wellbery）在简要总结中所说的那样，话语网络1800围绕着"母亲这个话语生产源头的话语生产"（Wellbery，1990：xxiii）而运转，那么对母亲/女性/自然的抹除就终结了诗人们和哲学家们探索和利用意义的保障。如果语言不再源自母亲之口，那么所有进入歌德笔下流浪者耳朵的——啁啾声、呢喃声、风吹声、树摇声——都不过只是**噪声**，仅此而已。语言不再是一个同质的透明媒介，它包含什么信息不再取决于那些总是已经富含意义的构成附件（那些"最小能指"），而成为统计上可计算的对无意义元素的编排造成的效果。女 71

① 原文有错误，nineteenth-control 应为 nineteenth-century。

性不再是母亲，也不再是意义的生产者，充其量只是暂时有意义的噪声的录制者和编排者。

打字机在这里起到了什么作用呢？它体现了话语网络 1900 两个紧密关联的重要特征——**“分离”与“隔断”**，这超过了所有其他 19 世纪的技术革新。这两个特征恰巧是“转换”与“连续”这两个话语网络 1800 的重要特征的反义词。正如在霍夫曼的《金壶》中关于写作课的文字所提及的那样，不可分割的主体自我（subject self）与连续不断的书写紧密相关。现在，墨水的流动与手、笔、纸之间的直接关联，被一个将手与文稿分离的机器机械化生产出来的标准且小巧的字母符号代替了。海德格尔是最先高度关注这个现象的哲学家之一。通过对德语中“手”（Hand）和“行动”（handeln）之间的紧密关联的论述——在英语短语“处理事情”（to handle matters）中依然有所体现——海德格尔将手描述为“人类的根本特性”，因为“人类通过手（Hand）的行动建立起与事物的联系（handelt）”[①]。海德格尔的结论是：“当书写从它本质的起源
72 中分离出来时，比如与手分离然后转移到机器上时，人与存在的关系也发生了转变。”（Heidegger，1992：80）在海德格尔看来，数据处理技术的引进恰好是“存在的历史”（Seinsgeschichte）中的断裂。这样的想法在下面

① 此处原文为“[m]an himself acts [handelt]”，其结构与德语 handeln 一词的用法有关，handeln 包含 hand（手）的词根，它作动词有“行动”的意思，此外它的反身用法有“涉及”“关系到”的意思，比如它的常用搭配 es handelt sich um，表示“与某事或某物有关”。海德格尔以此强调建立起事物之间关系的行动首先由“手”规定。

讲述古希腊的第四章中将以报复性的形式回归。在这里我们想说的只是海德格尔关于打字机的令人困惑的题外话,必须在存在已久的关于书写的哲学阐述背景中加以审视。

然而,海德格尔并不是第一个思考打字机的哲学家。这项殊荣恐怕要归于尼采——第一个事实上使用了打字机的哲学家。受到近视的困扰,尼采订购了一台丹麦品牌马林·汉森(Malling Hansen)的"写作球"(writing ball)——一个看上去类似于立方体刺猬的、长着尖刺的奇妙装置。在机器运行良好的那段很短的时间内,尼采成功地用它打出了一些书信和诗歌。针对一位朋友关于这台打字机是否对他的写作风格产生影响的询问,尼采使用了一个包含了自伊尼斯和麦克卢汉以来绝大多数现代媒介理论的表述作为回复:"我们的写作工具也对我们的思想起作用(Unser Schreibzeug arbeitet mit an unseren Gedanken)。"(Nietzsche, 引自 Kittler, 1999: 200)在一个详细的解读中,基特勒试图展示打字机的机制是如何在尼采的系谱学分析中重现的。根据尼采的看法,人类拥有知识、言语和美德这些与生俱来的才能并非因为幸运,他们只不过是会走路和说话的记忆机器罢了。埋首于存在机械故障的写作球前,这位在生理上有缺陷的哲学家开始意识到,人类的地位改变了:"从写作的代理人转换成了一个标记表面(inscription surface)。"(Kittler, 1999: 210)不过,最终还是尼采的命运而非他的思想成为话语网络 1900 的典范。

在《话语网络 1800/1900》的开头,基特勒解读了德 73

国文学中最著名的阅读场景。歌德笔下的浮士德出场时，正在做一个翻译练习(如果他现在还这样做这个练习，一定会被任何一位古希腊文初学者赶出课堂)：《约翰福音》第一章的第一句话"太初有**道**(Word)"，被歪解成"太初有**行动**(Act)"。这不是翻译，这是诠释学——一种威严的、自我吹嘘的诠释学傲慢，即让所有的创造物都从属于意义的体制，将世界变成了有灵感的男性主体的语义学游乐场。在另一端依然是尼采——不是那个我们熟知的对女性、基督教和道德作出了可怕评判的尼采，也不是那个有着令人生畏的小胡子的尼采，而是在生命的最后年头里疯疯癫癫的尼采，"口齿不清地大喊大叫着"，不假思索地用简单的"写作练习"填满笔记本，以及"只要有铅笔就会感到满足和愉悦"(Kittler, 1990: 182)的看上去晚景悲惨的尼采。这正是位于话语网络 1900 核心的诠释学的归零点(ground zero)：没有精神，没有灵魂，也没有确定的意义，只有一个全然脆弱的、赤裸裸的主体，一些全然无意识的、中立的媒介技术，以及在它们之间的噪音交流(只有集中的幻觉才能产生深层意义)。

四、写作文本来对抗影像：勇于编程吧！①

在 20 世纪 80 年代，基特勒将他的注意力转向了数字技术。他关注的事情既是理论的也是实践的，这是因为，不同于绝大多数从文学或者社会学跨界进入媒介研

① 此标题的英文原文为"Write text to power: programmare aude"，在翻译时，根据作者的建议和中文的表达习惯，译者对标题做了适当调整。

究领域的媒介理论家，基特勒有着多年亲自动手操作的经验。虽然很多人反对他异常古怪的观点，但很少有人会否认他知道自己在说什么。如果尼采是第一个使用打字机的叛逆的语言学家，那么基特勒就是第一个教授编 74
程的叛逆的德国文学家。这带来的结果就是，专业知识与极端主义再一次令人兴奋地融合在一起。所有重要的和有争议的论点早就出现在《留声机 电影 打字机》的绪论中了：

> 渠道和信息的数字一体化抹除了各种媒介间的差异。音响和图像、人声和文本都被缩减到了表面效果，也就是用户所熟知的界面。感觉和各种官能都变成了视觉骗局。从中产生的炫目的媒体特效作为策略性程序的副产品，在短期之内将持续存在。在计算机内部，它们自身都变成了数字的累积，没有图像，没有音响，也没有人声。一旦光纤网络将曾经截然不同的数据流转化为标准化的数码序列，任何媒介之间都可以相互转换。有了数字，一切都成为可能。模块化、变形、同步，延迟、存储、调换、倒频、扫描、绘图——一个基于数字基础之上的媒介联合体将消解媒介的概念本身。绝对知识不再联结人类和技术，而将进入一个无止境的死循环中。(Kittler，1999：1-2；对翻译有所修订)

让我们来看一看这里面提到的几点。数字技术带来了某种弥赛亚式的结局：当它到来的时候所有其他的东西都没有了，历史也不再有了，至少不再有值得一提的技术的历史了。自从发表这个宣言后，基特勒的立场变得没有那么强硬了，他试图去发现模拟和量子计算机未来的可能性（参见 Gane and Sale，2007）。但是，不管未来会出现怎样的非冯·诺依曼设计，它都不会改变对“媒介
75 概念本身的”消解。我们需要留心和注意的是，基特勒谈论的是媒介的概念，而不是媒介本身。媒介将继续存在，但是它们的重要性将降低。这个情况有点像落魄贵族在他们的住所里做旅游向导的工作：媒介不再处于物理过程和人类感觉装置的关键交汇处，它们被移至数字机器的边缘，以便让人类得以接近这个独立自足的数据世界：

> 依然存在可被视为媒介的生理—物质的计算机界面。但是在计算机内部，无论是硬件还是软件，都不再存在想象的东西。从这个意义上说：如果说科学引发了作为**月之暗面**的世界，那么媒介则是面对着非专业人员和群众的可见的另一面。（Kittler and Weinberger，2009：101）

媒介是计算机对我们的缺陷和不足的让步，它们的存在是因为任何有机生物都无法——《黑客帝国》三部曲中的英雄尼奥（Neo）除外——在内心里与数据处理系统直接联结。

但让基特勒烦恼的是，在这种情况下，对用户友好的**计算机软件**还是欺骗我们，让我们相信是我们掌控着计

算机。我们想继续仅仅将计算机视为工具,而这反过来又让我们作为**人类工匠**(工具制造者)这个顾影自怜的形象长久持续。所有为了赞颂启蒙主体而保留的论述能量都被重新导向了计算机软件。的确,基特勒是如此热衷于揭露计算机软件的空洞无趣,甚至会否认它的真实存在。没有软件,因为软件可以被转化为基本的硬件运作:

> 如果离开了一些基本功能惊人的自动化能力,不仅没有任何程序,而且没有任何潜在的微处理器系统能够启动——这些基本功能为了安全起见被烧制成了硅片,从而构成了硬件的一部分……任何从熵到信息、从一百万个休眠的晶体二极管到电子势差的转换,都必定要以一个物质作为前提,那就是重启按钮。……所有的代码运作……归根到底都是完全局部性的字符串处理,也就是说,恐怕都是**电压差的记号**。(Kittler, 1997: 150;重点为原著中的突出强调) *76*

话语网络1900展露了一个没有灵魂的脑壳,现在它变成了一个死气沉沉的大型主机展露的问题。基特勒揭穿软件的运行方式时,使用了与19世纪科学撬开人脑来检查大脑运作原理类似的方式。最终,没有软件,也没有被称为**灵魂**、心灵或精神的更高级的官能,两者的原因是一样的:它们都不过是转瞬即逝的配置形态。后者可以被转换为无数微型电路的开启和关闭,这些微型电路经过的是由锡、骨头或者塑料制成的中空容器。

但是，让基特勒感到忧伤的是，这个“后现代巴别塔”在本质上是以硬件配置为基础的，这一事实“明显是为了规避我们的感知而设计的”(Kittler, 1997: 148)。这就是基特勒的论证从技术还原论转向技术进化版的意识形态所批评的地方。操作系统，尤其是那些有着像“视窗”(Windows)之类名字的操作系统预示着不受阻碍的透明性，而实际上它们只不过是单面镜而已。就像审讯嫌疑人时不可见的警方调查人员一样——计算机看得见我们，但我们对着计算机看，却只能看见我们自己。毫不夸张地说，我们被我们的计算机屏蔽了，而恰恰是这个事实让我们对自己充满信心。对用户友好的机器隐藏了它们非人化的内部运作过程，这让人类能够向自己隐瞒这样的事实，即，他们的自我描述不过是同样非人化话语过程
77 的沉淀产物而已。“通过诸如用户界面、用户友好性乃至数据投影等关键词，计算机行业试图阻止人类继续做人类。”(Kittler, 1997: 157)

颇具讽刺意味的是，这样的软件批评与基特勒在学生时代避开的社会运动中的某些修辞不谋而合。软件被指责为人们的新型鸦片，它是由一些执意阻止用户群体控制数字生产渠道的力量所分发出来的。因此，我们应该抛弃那些想象的操作系统，转而采用在计算机运算早期曾经风靡一时的基于文本的电传打字机接口，或是加入 LINUX 的潮流之中。我们必须学习基本的编程和操作语言来克服对电脑产业分发的软件鸦片的依赖。伊曼努尔·康德(Immanuel Kant)在著名的小册子《什么是启

蒙？》(*What Is Enlightenment*？)中，批判了使我们离开其他人的引导就无法动用自己精神能力的“自身设定的幼稚”：“因此启蒙的准则就是**勇于求知**(Sapere Aude)！勇敢地运用我们自己的才智！”(Kant，1949：132)。带着所有他通常会避开的激进主义的关切和热情，基特勒发出了类似的战斗口号：**勇于编程**！勇敢地运用我们自己的编程技能！虽然这既不能带来西方启蒙运动，也不能带来任何对数字机器的掌控，但是它至少能够超越我们自身设定的且由软件支持的幼稚性，与所有将要离我们而去的事物进行视线上的(或者信号上的)互动。在一个极具讽刺意味且具有高度引用价值的夸张说法中，对基特勒最敏锐、最锋利的批评者之一，媒介理论家弗兰克·哈特曼[①](Frank Hartmann)宣称，基特勒在脑海中最终构想出的是一个“机器低语者”，这个人——有点类似于尼尔·斯蒂芬森[②](Neal Stephenson)小说《雪崩》(*Snow Crash*)中的一个人物——对机器代码掌握到了这样一种程度，即不需要任何中介软件就可以直接与数字系统的 78
基本操作层进行交流互动。它的前提是实现莱布尼茨和图灵的伟大梦想：把思维完全转化为计算(参见 Hartmann，

① 弗兰克·哈特曼(1959—)，魏玛包豪斯大学教授，维也纳大学传播学院外聘研究人员，当代著名媒介理论家。代表作有《媒介与传播》《媒介哲学》等。

② 尼尔·斯蒂芬森(1959—)，美国著名科幻小说作家，其作品题材涉及数学、哲学、宗教、金融、密码破译和科技史等多个学科领域。代表作有《雪崩》《钻石时代》《编码宝典》《飞越修道院》等。除此之外，他还大量涉足技术领域，担任公司顾问，并为各类杂志撰写了大量技术文章。

1998)。

这里又要重提前一章的结束语，基特勒打破偶像崇拜的修辞，对时髦的偶像以及引发自我迷醉的软件的蔑视，是从德国牧师住所这个庄严且具有高度影响力的文化机构中最后传出的战斗口号之一。基特勒——用他自己的话说，一个“路德教家庭”(Kittler and Maresch，1994：103)的后代——看上去像是正在热情鼓吹一个计算机时代的唯独圣经(sola scriptura)，即一个用微软替代梵蒂冈的数字化路德派教义。一个优秀的信徒不需要牧师的协助就能够和上帝保持联系，而一个优秀的计算机用户不需要精巧的软件界面就能与赛博空间保持联系。在《光学媒介》(*Optical Media*)对反宗教改革之媒介战术的历史性阐述中，也可以发现这种与天主教，更确切地说是与耶稣教义截然相反的立场。根据尼采的说法，新教的牧师是“德国哲学的祖父”(Nietzsche，2002：28)，这让他成为德国媒介理论的鼻祖之一。

五、在硅谷的海滩上：人与媒介的终结

然而，无论软件存在与否，无论我们是仍处在微软罗网中的幼稚人类集群，还是遁逸入了基于文本开源程序构成的自由边界——这些都是小事情。如果我们重新阅读《留声机 电影 打字机》中一段篇幅更长的引文，就会发现主要的问题在于宏大的叙事，而这个宏大叙事的尽头是人类的淘汰。

我们要再次提出的问题是，数字技术做了什么？所

有的信息都被数字化了,“这就是为什么计算机在大体上包含了其他所有的媒介,并让它们的数据受到信号处理的数据模型的影响”(Kittler,1993:187)。计算机有效地将三个维度的爱迪生式话语网络1900去差异化了,大约在1个世纪前,后者在技术上分化了话语网络1800同一化的元媒介语言。其结果是在哲学上影响重大的1-3-1结构:一种原始的统一(精神化的语言)发生了内部分歧并最终分裂(模拟的分化加上打字机的机械化),但这个对立被更高层次的统一性(比如数字的复杂性)战胜了。我们不得不用流行的黑格尔式表达来理解这个问题:话语网络1900是话语网络1800的对立面,而话语网络2000(这个术语更经常被基特勒的读者而非基特勒本人使用)扬弃了[①](sublates)前两者。媒介理论指向了一个真正关于媒介历史的哲学。 79

一个意义含糊的访谈意见让我们对处于危险中的东西有了初步的了解:

> 我所不断梦想的以及人们因为坚信技术和科学仅仅是为街上的人们制作的工具,因而不愿意听到的……是机器,尤其是阿兰·图灵在1936年构思出的当代智能机器。不仅仅为了我们人类而存在的——可以说,我们被建立在一

① “扬弃”是黑格尔解释发展过程的基本概念之一。黑格尔认为,在事物的发展过程中,每一阶段对于前一阶段来说都是一种否定,但又不是单纯的否定或完全抛弃,而是否定中包含着肯定,从而使发展过程体现出对旧质既有抛弃又有保存的性质。

> 个太大的规模之上——正是那个自然，那个容光焕发的、感受性的自然，正在把自己带回到自身中（sondern daß sich da die Natur，dieser leuchtende erkennende Teil der Natur，mit selbst selbst rückkoppelt）。（Kittler，2003a：270）

黑格尔的哲学把历史揭示为一个过程，经由这个过
80 程，绝对精神（Absolute Spirit）能够达到自我和解。不断进化的人类意识成为一个舞台，在它之上，分割和综合被概念化，而上升的螺旋朝着精神和自然的和谐进发，不管是在黑格尔热爱的普鲁士还是在其他地方都是如此。基特勒将黑格尔的精神现象学（Phenomenology of the Spirit）替代为——借用奥地利作家罗伯特·梅纳斯[①]（Robert Menasse）的一个标题——"去精神化现象学"。历史的终极主体是技术，技术在广义的概念上可以被理解为自然的加工处理过程：它在很长的一段时间里依赖于人类中介，但是现在伴随着数字技术的来临，更接近于将人类抛开的自然的自我加工处理过程。人类大脑的处理设备不过就是一个更好、更复杂的反馈循环中的过渡阶段，这个反馈循环——用拉康的话来说——旨在在象征界（the Symbolic）

---

① 罗伯特·梅纳斯（1955—），奥地利作家，曾在巴西圣保罗大学任教，并担任报刊专栏作家和自由撰稿人。代表作有《首都：一部小说》《唐·璜·德拉曼查》等。曾获欧洲图书奖和德国图书奖。

之间建立直接的联系，而不用求助和依赖于想象界[①](the Imaginary)。在媒介与身体相遇的漫长历史中的某个时刻，曾经有主体的位置，或许也有过对主体的需求。然而，一旦机器不需要人工输入就能阅读和写作，并可以用自己的力量来处理业务，这样的生物学假体就变得过时了。但是基特勒并不是简单地重述这个老生常谈的关于人类中心的替代的故事，根据这个故事，模仿人类思维过程的机器奴隶将会替代他们的人类主人。他不认为计算机是人造的人类大脑，也不认为它们以数字化的方式模仿了人类特殊的思考方式，而是认为计算机优化了信息处理的特定模式，这些模式人类也具有，因此被误认为是天生的人类特质。主体在哪里，程序就会在哪里——因为程序最初就在那里。

让我们回到《词与物》末尾的那个著名赌注，因为一些“外部事件”(其特性福柯不愿意详细说明)，“人将被抹 *81*
去，如同大海边沙滩上的一张脸”。外部的事件是媒介的领域。通过把福柯式的话语分析置于他自己的媒介理论之上，基特勒变得更明确：18 世纪晚期的话语体制将人的形态画在沙滩之上，即便人能够在 19 世纪晚期的蚀刻、打字、存储等模拟媒介的伴随下持存，他也必然会伴随着沙滩压缩成硅片而消失。唯一保持不变的东西是大海的声音。那个声音在德语中凑巧被称为**澎湃声**(Rauschen)。

---

① “三维世界”是拉康精神分析学的重要理论概念。拉康指出实在界(the Real)、想象界(the Imaginary)和象征界(the Symbolic)是人类现实性的三大界域，也是组成人类所有经验的三大秩序，分别对应着人的需要(need)、要求(demand)和欲望(desire)。

作为和英语“沙沙声”(rustle)的同根词,它还可以形容树木摇晃的声音以及树篱在风中瑟瑟作响的声音。它无疑是歌德时代以来德国诗歌中最被过度使用的词语之一,这主要是因为它拟声的美感能够让人们想象出充满诗意的自然声响。但在所有语言中发生的位于最显著之列的语义扩展中,20 世纪 20 年代的德国物理学家开始用**澎湃声**(Rauschen)来表示与宽频谱(broad-frequency spectrum)相伴随的干扰变量(disturbance variable)——它在英语中被称为(白)**噪音**。这可能是总结从话语网络 1800 到话语网络 1900,再到话语网络 2000(这个术语基特勒几乎没有使用过)的最简短也是最经济的方式:从**精神**(Geist)到**澎湃声**(Rauschen),从被哲学激发的诗歌、自然化的诠释学到推断统计学和信息理论,从一个得到保证的已经永远充满意义的世界,到一个由无意义的噪声(最多可被暂时编排进有意义的内容中)构成的环境。于是,在新千年的转折点上,基特勒的作品又发生了一个突然的断裂:大海还会在那里,但空气中将会充满截然不同的声音。

一、第三道难题:关于塞壬的真相

deur' ag' iôn, poluain' Oduseu, mega kudos Achaiôn (Homer, 1996) 82

或者,用对某些人而言与古希腊语存在最紧密精神联系的语言来表达:

Los komm hierher, Odysseus vieler Rätsel, grosser Ruhm Achaias(Kittler, 2006a: 51)

又或者用更简单的岛国语言[1]来表达:

快过来,光辉的奥德修斯——阿开奥斯人的殊荣。

把船停泊在岸边,来倾听我们的歌唱!

任何海员把黑色的船只驶过我们的海岸,

都要听一听我们口中倾诉出的美妙歌声,

听到心满意足后再起航,会 83
成为更有智慧的人。

① 岛国语言即英语(英语部分在这里用中文翻译)。

我们知道所有亚该亚人和特洛伊人
在广袤的特洛伊平原上按照神的意愿所遭受的苦难
我们知晓丰饶的大地上发生的所有事情！(Homer，1996：277)

这个出自荷马《奥德赛》(*Odyssey*)中第12卷的简短段落被称为"塞壬的歌声"(Song of the Sirens)。作为依靠唱歌实施诱惑的女性二重唱，塞壬虽然在《奥德赛》中仅仅是短暂地客串演出了一把，却对后来的哲学和语言学产生了极大的影响。考虑到我们在《奥德赛》中对她们的极少了解还是直接来自古代最熟练的骗子之口，她们显然也是负面报道的受害者。

皮亚托·普奇[①](Pietro Pucci)曾经注意到，塞壬使用的许多名词、修饰词和短语并未在《奥德赛》的其他地方出现过，它们反而更接近于《伊利亚特》中的语言。塞壬们把《奥德赛》中特洛伊战争后的流浪者们称为《伊利亚特》的勇敢的亚该亚智者。而她们召唤声的诱惑力在于被呼唤者对重新获得过往荣耀的诉求。通过复制更古老的传奇的措辞，奥德修斯2.0版被邀请改变回原先的样子，"返回到《伊利亚特》的那个角色之中"(Pucci，1998：5)。奥德修斯抗拒着诱惑，或者是巧妙地制造出让自己可以不受诱惑的条件。《伊利亚特》中英雄事迹的回响闯

① 皮亚托·普奇(1927—)，康奈尔大学戈德温·史密斯古典学荣休教授。主要研究方向为古希腊史诗、戏剧和神话等。著有《奥德修斯的多样解读》《伊利亚特：宙斯的诗歌》等。

入了《奥德赛》之中，却被悲伤或狡诈击退了，这并不是唯一一次。听着关于他自己在特洛伊的丰功伟绩的演唱，奥德修斯：

> 感动得哭了起来， 84
> 泪水夺眶而出沾湿了双颊，
> 恍如妇人哭泣着扑向自己的丈夫，
> 这个男士在为他的城市和人民的斗争中倒下了，
> 他试图保护家园和孩子们免受灾难之苦。
> （Homer，1996：208）

这个城市的掠夺者像他的受害者一样哭泣。无数读者都发现了（有些是抱着赞许的态度，而有些是抱着遗憾的态度），一个巨大的道德缺口将同一位游吟诗人创作的这两首史诗分隔开来。在后英雄主义的、有着走向家庭倾向的《奥德赛》远离了更加军事化的《伊利亚特》时，奥德修斯也离开了那两位歌声优美的迷人女郎，她们的歌声足够让他“离开奥德赛，到她们的岛屿上去过腐化的日子”（Pucci，1998：6）。

普奇的互文性分析围绕着充满诱惑性的回归的危险展开，这让人联想起马克斯·霍克海默与西奥多·阿多诺在《启蒙辩证法》（*Dialectic of Enlightenment*）中对塞壬片段所做的著名的哲学解读。如果说普奇笔下的奥德修斯面临着在过往文本中失去自我的危险，那么霍克海默和阿多诺笔下的奥德修斯则面临着在过去本身中失去自我的可能性。向塞壬屈服意味着退化到一种更早期的、古老的生存状态，这将会破坏奥德修斯通过狡诈与牺牲塑造起来的脆弱的自我形态。回到伊萨卡岛的旅途“是自我选择的穿越神话的道路”(Horkheimer and Adorno，1972：46)——这个自我只有通过征服内部和外部自然才能出现，它始终受到神秘力量的威胁，正如它始终受到气候和地形上的艰难困苦所带来的威胁一样。途中，塞壬代表了最危险的“瓦解的力量”(Horkheimer and Adorno，
85 1972：33)之一，只有通过要诈，即“以理性形式进行的反抗”(Horkheimer and Adorno，1972：59)，奥德修斯才能够抵抗她们的诱惑。那艘“黑色的船只”得以幸存，是因为它复制了一个建立在阶级基础上的社会，耳朵被蜡块塞上的无产阶级船员们不断向前划行，而他们被捆绑在桅杆上的主人能够听到塞壬的歌声却不能动弹。强制执行的自我否定与可疑的劳动分工一同构成的强有力的组合确保了奥德修斯——这个**最初**的资产阶级只有在审美体验不能真正影响到他的情况下才会去享受它——能够听到塞壬的歌唱又不至于被她们的歌唱所控制。

基特勒对霍克海默和阿多诺这“两个受欢迎的业余哲学家”(Kittler，2006a：263)的不屑是显而易见的。他毫不怀疑地认为，他们对塞壬片段的解读，就像他们在《启蒙辩证法》中的“文化工业”部分对媒介技术颇具影响力的分析一样，不但不适当而且很业余。他们对荷马的了解少之又少，他们丝毫不在意塞壬是谁或者是什么(抑或在哪里)，他们对启动、支持和复制荷马史诗的书写系统的复杂性一无所知。对于他们而言，这些都是希腊

文——对希腊文他们同样知之甚少。基特勒对塞壬片段的解读构成了同霍克海默和阿多诺版本的直接竞争。再一次,弗莱堡——海德格尔的弗莱堡同基特勒的弗莱堡,几乎就在尼采的巴塞尔附近——将矛头对准了法兰克福,而这次的战场是在希腊的土地上。

基特勒以一种混合着令人兴奋的信任和怀疑的态度开启了论证。他相信荷马,但对奥德修斯则是小心提防。如果考虑到奥德修斯声名狼藉的谎言,我们为什么要相信他的陈述呢?他太不值得信赖,甚至让他的信源也变得不可信赖。喀耳刻[①](Circe)——执意要将奥德修斯占为己有的许多女性神明之一,有充分的动机来诋毁她的竞争对手——将塞壬们描述为周围是"腐烂尸体的大堆骨骸,以及骨头上风干萎缩的人皮"(Homer, 1996: 273)。事实并非如此,基特勒响应道,如果是这样,光是恶臭就会让所有的船只与小岛保持安全距离了。另外,奥德修斯的措辞也值得怀疑。如果他的安全防范措施确保只有他能够听见塞壬的歌声,为什么他会用复数形式"**我们**再也听不到她们的歌声"(Homer, 1996: 277;重点为本书所加)?在描述他的船只是如何"离开了那个海 86

---

① 喀耳刻,希腊神话中住在艾尤岛上的女巫。太阳神赫利乌斯和大洋神女珀耳塞伊斯所生的孩子,国王埃厄忒斯的妹妹。在《奥德赛》中,奥德修斯一行人来到艾尤岛,喀耳刻邀请他的船员到岛上大餐一顿,却在食物中放入药水。那些船员们吃下食物后就被变成了猪。其中一名船员欧里罗科逃回到船队里,并告诉奥德修斯这一情况。同行的赫耳墨斯建议奥德修斯用草药去抵抗喀耳刻的魔法。经过一夜之后,喀耳刻便爱上了奥德修斯,并在未来一年帮助他返回家乡。喀耳刻建议奥德修斯经由墨西拿海峡返回家乡,但在这个海峡他将会遇上名为卡律布狄斯的危险漩涡和女海妖斯库拉。

岛”(Homer, 1996: 277)时,为什么他用了一个通常表示离开而不是仅仅表示经过的动词呢?此外,在基特勒的心中,确实还有一些非常实际的关注点。根据传统的看法,塞壬们在距离阿玛尔菲海岸上的波西塔诺西南方向3英里的里加利岛上嬉闹,而喀耳刻的家所在的埃阿亚岛,则位于女巫角的奇尔切奥山。奥德修斯和他的全体船员们抵达塞壬处时,已经不间断地行驶了200多英里了。按照喀耳刻的说法,塞壬居住的岛屿到处是鲜花盛开的草地,这意味着岛屿上有淡水。基特勒指出,奥德修斯顶着地中海的太阳在海上行驶了那么长时间却没有补充淡水储备,尤其是他后面还要长途跋涉穿过斯库拉(Scylla)和卡律布狄斯(Charybdis)[①]看守着的墨西拿海峡,这简直是不可想象的。奥德修斯又一次撒谎了。他并没有径直驶过塞壬的二重唱,而是在她们的岛屿上登陆了。而且,考虑到他存活下来并讲述了这个故事的事实,塞壬也不可能像喀耳刻和后来水平蹩脚的古罗马文人编造的无数奇谈所呈现的那样凶残可怖。

如果这些还不足以构成证据,那么基特勒发动了经验层面上对塞壬之歌本身的致命一击——他指出了这样一个事实,即奥德修斯可以一字不差地重现塞壬之歌的内容。他得多靠近歌唱来源才能够如此完整无缺地听清

---

① 斯库拉和卡律布狄斯是希腊神话中守护墨西拿海峡的怪物。船只经过墨西拿海峡时只能选择经过卡律布狄斯的漩涡或者是斯库拉的领地。斯库拉守护在墨西拿海峡的一侧,有6个头、12只脚,并且有猫的尾巴,当船只经过时它便要吃掉船上的六名船员。海峡的另一侧是大漩涡怪卡律布狄斯,它每日3次吞吐海水,形成一个巨大的漩涡,将经过的船只吞噬。

楚她们唱的歌曲？2004年3月，基特勒前往阿尔玛菲海岸旅行，并被允许拜访如今已经是海洋保护区的里加利岛。他安排两位女性歌手在沙滩上演唱，然后自己划船 87
从她们身旁经过。就像任何一个有着户外声学经验的人所预测到的那样，基特勒能够在很远的地方就**听到**人的声音，但是不管小船多靠近海岸（甚至近到只有10米），他还是无法**听清**她们在说什么。理由很简单：元音能够传得很远但辅音不行，因而元音“可以传达音乐的礼物，而辅音则可以更好地传递语言，奥德修斯听到的恰恰是后者”（Kittler，2006a：58）。在驾船经过时，基特勒还发现，人们实际上并不能在船上看到喀耳刻提到的草地，要看到草地，必须上岸才行。很显然，奥德修斯下了船。“不要相信古希腊最伟大的说谎者，”基特勒忠告读者，“但是要相信塞壬们”（Kittler，2006a：58）。在基特勒的有声CD《缪斯、宁芙和塞壬》（*Muses, Nymphs and Sirens*）中——其非正式的表达风格为《音乐和数学》之海德格尔式的沉思提供了受人欢迎的解药，基特勒对他的海上探险进行了更加直截了当的评价。“在2800年之后，我们终于给文献学提供了实验的基础，而非仅仅是文本上的自我安慰（Textwichserei）”（Kittler，2005：12分钟20秒—12分钟30秒）。这就是证据（Quod erat demonstrandum）。

二、古希腊的写作课

塞壬们？荷马？古希腊？基特勒是如何在这里结束

的？所有这些与媒介技术或者话语实践存在何种关联，与计算机又存在何种关联？除了招致古典学者的大量怀疑外，这个大规模的方向调整（large-scale reorientation）——从野心、范围和研究韧性上看类似于伊尼斯向古典时代的转向——曾经困惑和疏远过一些最赞同基特勒的评论者。（更没有同情心的声音会指出，随着年龄的
88 增长，基特勒和伊尼斯都无法避免地退化了，变得几乎含糊不清。）但是，就像伊尼斯的情况一样，这里所涉及的不仅仅是文化怀旧或者特殊的研究兴趣。从根本上说，将研究兴趣转向古代构成了为西方文明提供宏大叙事的学术尝试的一部分，该宏大叙事聚焦于数据处理的基础以及存在于传播物质性和变化的世界观之间的反馈。或者，用为基特勒的古希腊研究提供了纲领的海德格尔式术语来说，这是一个关于“存在的历史”（Seinsgeschichte）的问题。然而，我们正在分析的一系列作品，如果要总结的话，至少将包含 7 本书，迄今为止其中只有 2 本出版了。因此，我们只能对一个双重的开端进行评论——一个重大研究课题的充满希望同时又令人困惑的开端，以及同样充满矛盾的西方历史的开端。

与基特勒先前的媒介历史研究有着直接关联的是古希腊元音字母表的出现。让我们重新概括一下人们通常持有的观点：据说古希腊人大约在公元前 8 世纪采用和改编了腓尼基辅音字母表。诸如 γ（gamma）、δ（delta）或者 ε（epsilon）等符号保持不变，还有一些字母要么围绕着轴线转了一圈（α），要么变成了它们的镜像形象（λ），要么做了垂直拉伸（Σ），在其余的一些情况下，这种变化没有

明确的逻辑。不管怎样，大多数古希腊文字母排序的方式，alpha beta gamma delta，不过是腓尼基的记忆手段 ʻāleph bēth gīmel dāleth 而已。最重要的修改是，那些指代了古希腊不存在的辅音的字母被替换为指代元音。原本代表着声门闭锁音的 Aleph，被转变为代表着元音 a 的 alpha；腓尼基语中的 he，一个不发声的摩擦音，被转化为了 ε 或 epsilon，一个半闭前不圆唇元音。可以肯定的是，关于我们在写作中需要标明元音来避免误解的基本想法并不是古希腊所特有的。一些闪米特语字母表带有 *89*
所谓“阅读之母”(matres lectionis)的特征，即使用辅音表示长元音，但希腊字母表却是最早有特定元音符号的。且不论有多少人最初参与了引进字母这一冒险之举，但对腓尼基字母系统的采纳的确吸收了许多想法，然而——这对理解基特勒对古希腊哲学采取坚定拒斥的反哲学态度至关重要——很多思想也会从中产生。我们需要大致总结出一些最为与之相关的面向，从而对基特勒进行定位。

1. 要充分理解古希腊的改编者做了什么，有必要记住确定**元音能够用来分隔辅音**。辅音不再如很多的音节表中那样以附属于元音的形态出现（bee，cee，dee，eff，gee，kay），而是作为独立的语音元素出现。然而，虽然一直会遇到元音（我们表达从“ABC”到“ZZ Top”的所有首字母缩略词时都会用到元音），但我们却很少在小学课堂或是现代语言诗歌的公开朗读之外遇到纯粹的辅音。就像其他的字母表一样，古希腊文字母表不仅仅是符号库，还是一种对语言的分析，但是不同于几乎其他所有的字母表,古希腊文字母表分析的不是你听到了什么,而是你如何通过分类言语的基本构成要素来说话的。古希腊的改编者——不管他、她或者他们是谁——在他们着力修改腓尼基字母表时,非常有可能没有意识到这一点。如果古希腊人那时对自己语言的分析已经可以达到这种程度,他们就会设计出自己的字母表了。更确切地说,恰恰是与一个外来技术的相遇和修改符号体系的需要,向古希腊人揭示了他们自身语言的根本构成部分。毫无疑问,我们总是使用自己的书写系统所规定的术语来检视
90 语言,这是历史上与此规则有关的最重要的实例。“写作不该被视作为了获取关于现有句法知识的尝试,而是为演说提供了一种模式,从而让可被分析的语言变成句法成分,其中最主要的成分就是后来成为哲学反思对象以及术语定义对象的单词”(Olson, 1994: 76)。对符号系统的改编教会了古希腊人如何有意识地说话,这一事实直接指向了基特勒的断言:“直到媒介提供了模型和隐喻后,我们才对我们的感觉有所了解。”(Kittler, 2010: 34)正如19世纪的人们发现爱迪生和其他人的发明也是我们大脑中的信息机器一样,古希腊人在与外来的存储系统相遇时发现了言语的运作方式。

2.和东方语言相比,古希腊元音字母表是否存在所谓的优越性,这个争论由来已久,它有时被有意或无意的欧洲中心主义、东方主义甚至排犹主义的观点所驱动。在著名的对《吉尔伽美什史诗》(*Epic of Gilgamesh*)中乌纳皮施汀(Utnapishtim)国王对大洪水的描述和《伊利亚特》第十二卷中对洪水防御工事的刻画的比较研究中,古

典学者埃里克·哈弗洛克[①](Eric Havelock)强调,元音字母表具有所谓的优越性以及更好的模拟能力(Havelock, 1978: 5-11)。简单地说,古希腊的洪水更加流动与顺畅。在引介哈弗洛克作品的德语译本时,埃及学家扬·阿斯曼[②](Jan Assmann,其著作对媒介与记忆之间关系的德国研究产生了相当大的影响)批评哈弗洛克对辅音字母和象形文字缺乏足够的了解与认知:"我们必须明确强调的是,没有什么语言的声音、词语、句子不能通过属于这个语言的书写系统来表达。"(Assmann and Assmann, 1990: 22)。基特勒在讨论非希腊文字系统——比如埃及的象形文字——的存储和记录能力时,也和哈弗洛克的观点有所不同。考虑到年迈的基特勒对爱与狂喜的强调更直截了当,他主要引用的例证也丝毫不让人意外:"没有人知道埃赫那吞(Akhneten)国王[③]在和王后花前月下时是如何称呼他的 N-f-r-t-t 的。"(Kittler, 2006a: 105)。确实,我们不知道,这就是为什么英语将她称为奈费尔提

91

① 埃里克·哈弗洛克(1903—1988),被认为是媒介环境学多伦多学派第一代的代表人物,其代表作《柏拉图导论》对西方学界产生了广泛影响。

② 扬·阿斯曼(1938—),德国海德堡科学院院士、国际知名埃及学专家,"文化记忆"理论的创立者,曾凭借代表作《文化记忆:早期高级文化中的文字、回忆和政治身份》赢得"德国历史学家奖"这一德国历史学界的最高荣誉。

③ 埃赫那吞国王(约前 1379—前 1392 年在位)是古埃及第十八王朝的国王。原名阿蒙霍特普四世,是埃及国王阿蒙霍特普三世的小儿子。为了摆脱对埃及阿蒙神的祭司的依赖,削弱和打击与王权抗衡的祭司集团及旧贵族的势力,埃赫那吞实行了宗教改革,用一神教代替传统的多神教,树立君主专制的绝对权力。

蒂(Nefertiti),而德语称她为纳芙蒂蒂(Nofretete)。作为对基特勒的回应,阿斯曼则指出,埃及人自己知道怎么称呼,而且他们完全能够仿照埃赫那吞国王称呼配偶的方式将她的名字抄写并用声音说出来。然而关键之处在于,我们所有人,不管是否讲希腊文,都知道奥德修斯在从事类似活动时如何称呼佩内洛普[①](Penelope)、喀耳刻、卡吕普索[②](Calypso),甚至是瑙西卡[③](Nausicaa)和(根据基特勒的看法)塞壬。

当试图阐释希腊字母表——"每种音响都由……一个简单的符号来代表,而每个符号所代表的音响总是一样的"——的基本运作规则时,现代语言学杰出的创始人费尔迪南·德·索绪尔[④](Ferdinand de Saussure)在所有古希腊语里选择了 βάρβαρος(**野蛮人**)——一个模仿外国人口中发出的不可理解的噪音的拟声词(参见 Saussure,1960:39)。索绪尔并不以幽默著称,但是他在这里展现

---

① 佩内洛普,奥德修斯的妻子。

② 卡吕普索,希腊神话中扛起天穹的巨人阿特拉斯的女儿,掌管奥杰吉厄岛的海之女神。后来,奥德修斯不幸在奥杰吉厄沉船,被她救起,她爱上了奥德修斯,求他留在自己身边,说只要他愿意就给他永生。奥德修斯拒绝了,因为他一心爱自己的凡人妻子,女神没有办法,只好用魔力迷惑他,把他留在身边整整七年。

③ 瑙西卡,希腊神话中淮阿喀亚国王的女儿,长得美丽无比。女神雅典娜托梦给她,让她清晨带婢女到海边去。在海边发现被海浪送到岸边的奥德修斯。她给落难的奥德修斯穿上衣服,引他进入父王的宫廷。她希望这位使她动情的英雄成为自己的丈夫,但奥德修斯一心一意要返回家乡。送别时,瑙西卡请他不要忘记她的救命之恩。

④ 费尔迪南·德·索绪尔(1857—1913),瑞士语言学家,结构主义的创始人,现代语言学理论的奠基者。代表作品为《普通语言学教程》。

出了某些机智幽默：希腊字母表的精妙之处，通过描述不会讲(更别提写)古希腊文的劣等灵魂的歧视性古希腊词语而得到了印证。古希腊元音字母表的真正特点并不在于它使古希腊人能够说出关于他们自己的聪慧事迹，而是它让古希腊人能够像记录他们自己高明的演说一样记录野蛮人含糊不清的话。因此，让古希腊元音字母表与众不同的是跨文化交流与借鉴的可能性，而不是进一步的自我陶醉。就像爱迪生的留声机以同样平静的方式记 92
录下伦菲尔德的胡言乱语、苏厄德医生的分析以及大型蝙蝠飞行时发出的沙沙声一样，就像计算机不加区别地处理噪音和有意义的信息一样，希腊字母表像记录柏拉图所言那般，忠实地记录那些在其自身的书写系统中不能区分柏拉图和普鲁托的人们口中发出的声音。这是在基特勒的伟大历史弧线中将希腊字母表与计算机联系起来的第一条线索。

3. 更重要的问题是，为什么古希腊人发明了元音字母表。答案再一次显而易见：腓尼基语属于闪米特语系，而古希腊语则属于印欧语系。闪米特语系的语言以根辅音为基础，这使得它不需要特定的元音符号，而印欧语系的语言(尤其是古希腊语)则大量使用元音来表明意义的变化。一个没有元音的符号系统不能充分转化为有元音的符号系统。Κιρκη或喀耳刻，这位塞壬指控者的名字，可以被翻译成腓尼基语，但是她所居住的埃阿亚岛的名字却不能被翻译成腓尼基语。

然而，这样的解释强调的是约束条件而不是原因，它能够解释为什么古希腊人被迫发明了元音字母表，但是它不能回答为什么古希腊人最先发明了元音字母表这个问题。根据基特勒有些抱怨口气的评价，对此存在着指向法律、经济、政治等世俗领域的“许多**懒惰的**(faule)解答”(Kittler, 2006a: 110; 需要注意，德语 faule 还意味着“腐烂的”)。大约公元前 800 年，古希腊人去海外探险，寻找殖民地，并与拥有自身书写系统的东方帝国开展广泛贸易。为什么不改编一种字母系统，并按照他们的贸易伙伴使用它的方式来使用呢？困难在于，“同那些近东地区的铭文不同，没有一种古希腊铭文的书写是关于贸
93 易、政治或者法律等事务的，它们全部模仿《奥德赛》，谈论葡萄酒、女人和歌曲”(Kittler, 2006b: 55)。除了一些私人铭文、简短的献词以及淫秽的涂鸦外，其他所有保留下来的古希腊文书写残片都是六步格诗，它们中的大部分都直接来自《伊利亚特》或者《奥德赛》。古典学家巴瑞·鲍威尔[①](Barry Powell)在这个特别的问题上是基特勒所依赖的权威，他指出，早期使用字母的古希腊人“表现得仿佛他们**仅仅**知道怎么写六步格诗一样”(Powell, 1991: 184)。这一点也不奇怪，因为抄写六步格诗——尤其是荷马笔下的六步格诗——恰恰正是新字母表最初被发明出来的用途。

> 我们不能将希腊字母表的发明同早期六步格诗的抄写分离开来，我们也不能把对早期六步格诗的抄写同荷马分离开来。我们寻找非凡

① 巴瑞·鲍威尔(1942—)，美国威斯康星大学麦迪逊分校 Halls-Bascom 古典学荣休教授。

> 的原因为非凡的事件提供解释。荷马吟唱他的诗歌，而改编者将他的吟唱记录下来。从这个重大的事件中，诞生了古典希腊文明及其成就。但是没有成就能够超越荷马和让他的诗歌得以不朽的抄写员。(Powell，1991：237)

关于人们为了记录六步格诗而使用希腊字母表的看法，早在20世纪40年代晚期就被H.T.韦德盖瑞[①](H.T. Wade-Gery)提出过(Wade-Gery，1952：11-14)，不过这依旧是一个有问题的解释。正如我们将看到的，就基特勒的情况而言，引发争议的不仅在于这样的解释在历史上是否可信，更在于基特勒会选择这个解释的深层原因。

4. 然而，不管希腊字母表的起源问题有多么重要，最关键的还是它随后的再功能化(refunctionalization)。更确切地说，在它史无前例的功能性拓展过程中出现的代表语言元素的符号，后来又被作为数学乃至音乐符号使用。事情又一次看上去简单得令人疑惑："我们专门称呼 94
那些字母系统为字母表，它首先用有限数量的独立符号来表示一个语言中的所有声音，然后将这些符号按照一种顺序排列。"(Kittler，2006a：105)当这个序列被固定下来时，让一个特定的元素来指代它自己在这个序列中的数值位置就变得很容易。序数(ordinal)变成了基数

① H.T.韦德盖瑞(1888—1972)，著名古典学家、历史学家、金石学家，曾任牛津大学威克汉姆古代史教授(Wykeham Professor of Ancient History)。著有《伊利亚特的诗人》等著作。

(cardinal):Alpha代表着元音a,但是当它被牢牢地铭记为alpha-beta-gamma-delta这个助记符序列中的第一个字母后,它就也可以用来表示1。以同样的方式,β等于2,γ等于3,如此类推。在引入字母表两三个世纪之后,数制(numerical system)看上去完成了制定。最开始的9个字母代表1到9,接下来的9个字母代表十位数,再接下来的9个字母代表百位数(由于希腊字母表里只有24个字母,人们不得不另外加入3个符号,以凑齐必需的27个数字符号)。将字母与数字相混合并不是什么问题。"每当读者遇到一个字母序列,且这个字母序列不像其他字母序列那样可以被转译为声音的序列,然后变成意义或者**逻各斯**(logox)时,它多半就会是一个百位数、十位数和个位数的混合,即一个数字"(Kittler, 2006b: 56)。最终,"自欧里庇得斯[①](Euripides)以来,古希腊人用他们字母表上的一个字母来指示(声调),而不是像我们一样用五线谱"(Kittler, 2006b: 56)。于是,同样的一个符号系统被用于字母、数字和声调,使其得以可能的是这个符号系统通过使用自己的序列拓展了自身的功能。"于是,在书写历史上,一系列符号第一次被应用于自身,它们被重新编码。"(Kittler 2006a: 208)

后面这个是特别重要的一点。基特勒痴迷于希腊字母表从自我递归(self-recursive)的运作中获得多功能性的方式。通过利用它自己的特质,同一个系统可用来指

① 欧里庇得斯(公元前480—前406),古希腊悲剧诗人。一生共创作了90多部作品,保留至今的有《美狄亚》《希波吕托斯》《特洛伊妇女》《酒神的伴侣》等17部悲剧和1部羊人剧《独目巨怪》。

代字母、数字和音乐。可以肯定的是，这在序列化字母转化为数字的情况下表现得尤其明显（以及有系统性），这也是为什么相比字母向声调的（相对不那么系统化的）功能转化，基特勒根本上还是对字母向数字的功能转化更感兴趣。然而，对基特勒而言，最有趣的是数字在什么时候被运用于音乐语境，更精确地说是：数字在什么时候被用来制造演奏里拉琴[①]（lyre）时的音乐和声。在提及《音乐与数学》中最重要的人物之一，毕达哥拉斯学派哲学家菲洛劳斯[②]（Philolaus，大约生活在公元前 470—前 385 年）时，基特勒阐释道： 95

> 为了帮助歌唱者和乐师了解需要将里拉琴的琴弦缩短多少长度才能够发出四度和音而不是主音，菲洛劳斯仅仅写下了 δ και γ：在标志着在 4∶3 比例的地方拨动琴弦！（Kittler，2006b：56）

基特勒的论证以这样的前提为基础，即里拉琴不应仅仅被视为一个简单的音乐工具或者乐器。它是“一个神奇的东西，能够将数学与感官的领域联系起来”（Kittler，2006b：56），因为它让感官（口头词句与歌声）和象征（一个多功能的自我递归符号系统，对什么地方拨

① 亦称诗琴，西方最早的拨弦乐器，同时也是抒情诗女神厄拉托的象征。弹奏里拉琴是古希腊时期学生学习音乐和诗歌的重要方式。因其端庄优美的形象，故而常作为乐徽使用。

② 菲洛劳斯（大约生于公元前 470 年，卒年不详），希腊哲学家，毕达哥拉斯最著名的学生之一，也是第一个向公众宣传毕达哥拉斯观点的人。

动琴弦、怎样唱歌以及背诵什么提供了准确的指令)能够直接互相转译。你不是用一台里拉琴或者西塔拉琴来演奏一个诗篇、一首歌曲或者一场史诗进而展示其根本真理(更别提虚构的启蒙辩证法了),而是通过这个演出,观众们才能够理解符号、感官以及它们的相互作用是如何运作的。对基特勒而言,就像我们在最后的部分要看到的,古希腊的所有荣光**都依赖于这个字母—数字递归的**
96 **有意识的表演**——这个递归通过仅有某些古希腊人才懂得的方式将符号、感官和性联结在一起。

三、神灵也有男欢女爱:毕达哥拉斯学派的追求者

让我们再来看看塞壬的问候:

> *deur' ag' iôn, poluain' Oduseu, mega kudos Achaiôn*
>
> 快过来,光辉的奥德修斯——阿开奥斯人的殊荣。

对基特勒而言,这是荷马吟诵出的数以万计的诗句中最优美的一段。"在第一个句子中,古希腊文中所有七个元音和双元音都以含情脉脉的方式变化着。没有诗句这样吟诵过,也没有诗句能以如此悦耳的方式被复述。"(Kittler, 2006a: 51)如果把古希腊文有更多双元音的事实暂时放在一边,这个论述的要旨是很清楚的:这是最美

丽的诗句，因为它最具表演性——也就是说，最能够展示其生产与转录的潜在机制。正如《大脑损伤》凸显出平克·弗洛伊德的《月之暗面》背后那让人痴狂的录音技术并以之为主题，又如歌德的《流浪者之夜歌》重新表演出浪漫主义诗歌的诠释学最初场景，这行诗句展示和突出了古希腊语言中的组成部分及其新的记录系统。它可以说就是一个对从六步格诗精神中诞生的古希腊元音字母表的自发庆祝。而它也是对倾听（以及离开船）、对爱与学习的一种呼唤。

首先是学习。塞壬们声称，她们"知晓丰饶的大地上发生的所有事情"。正如基特勒带着明显的轻视所指出的那样（参见 Kittler，2006a：55），霍克海默和阿多诺对这个语段的解读是建立在由约翰·海因里希·沃斯[①]
(Johann Heinrich Voss）的具有影响力的荷马史诗译文 97
基础之上的。沃斯将最后一句话翻译成了"alles, was irgend geschah auf der viel ernährenden Erde"，即"我们知晓丰饶大地上发生过的所有事情"。对过去时态的误用（这在很多后来的版本中被修正了），加上霍克海默和阿多诺对古希腊原文的不熟悉，让他们在哲学层面上添油加醋地把塞壬们描述成完全和原始时代联系在一起，而且试图让奥德修斯屈服于不可避免的退化（参见 Horkheimer and Adorno，1972：33）的鬼怪般的形象。

---

① 约翰·海因里希·沃斯（1751—1826），德国古典主义诗人、翻译家，因将荷马史诗《伊利亚特》和《奥德赛》翻译成德语版本而享有盛名。根据他的名字设立的约翰·海因里希·沃斯奖是目前德国级别最高的翻译奖项。

与之相反，基特勒认可的是普奇的解读，即塞壬们“知道所有发生的事情”(Kittler，2006a：55；另外参见 Pucci，1998：1)。事实上，塞壬们是如此见识渊博，以至于除了诸如雅典娜等全知的奥林匹斯山神明外，她们是奥德修斯回乡路上遇到的唯一能立刻认出他是谁的角色。就连奥德修斯的妻子佩内洛普以及他的仆人们一开始都没能认出他来，即便是喀耳刻以及独眼巨人波吕斐摩斯等不朽的存在也是如此(哪怕他们都被提醒过奥德修斯要来)。通过强调塞壬的无所不知，基特勒追随了一个历史悠久的传统，即将塞壬看成是缪斯，也就是知识和艺术灵感的神圣来源。作为缪斯，塞壬能够提供很多东西，包括对“丰饶大地上发生过的所有事情”的最深刻的洞察力，故而来访者离开她们的岛屿后都会变成“更有智慧的人”。

从媒介历史的视角看，尤其是从倾向于通过技术演化的宏大递归来理解人类与其留下印记的场所间的暂时性连接的媒介历史看，有趣的是缪斯与书写的引入在神话上的关联。有一种说法将字母表的发明归功于底比斯的创建者、腓尼基移民——卡德摩斯[1](Cadmus)，神灵将阿芙洛狄忒的女儿哈尔摩尼亚赐予他做妻子。在他们的婚礼上，缪斯们在阿波罗[2](Apollo)的带领下亲自进行了
98 音乐会表演。另外一种说法则认为字母表的制作是古希

① 卡德摩斯，古希腊神话中的英雄。腓尼基的首领阿革诺尔(一说是腓尼克斯)之子，忒拜的创建者。

② 阿波罗，古希腊神话中的光明、预言、音乐和医药之神，消灾解难之神，同时也是人类文明、迁徙和航海者的保护神。

腊英雄帕拉墨得斯[①](Palamedes)的成果，帕拉墨得斯拥有超凡的智慧，甚至用计谋挫败过诡计多端的奥德修斯(于是奥德修斯就将其陷害，让人们视他为希腊的叛徒并将他处死)。在一首迷人的赞美诗中，古希腊作家斐罗斯屈拉特[②](Philostratus)称赞帕拉墨得斯是“缪斯的创作者”(Philostratus, 2005: 373)，这就留下了一个悬而未决的问题，即究竟帕拉墨得斯是受到缪斯的启发，还是他借助于字母表的发明参与了创造缪斯的过程。如果我们将对缪斯们仪式化的祈祷与存储能力胜过游吟诗人的记忆技术(memorization techniques)的引入联系起来，这些祈祷就呈现出了特别的意义——正如荷马在《伊利亚特》(*Iliad*)第二卷的著名段落《舰船的目录》(Catalogue of Ships)的开头所表达的：

> 向我歌唱吧，掌管奥林匹斯山的缪斯们！
> 你们是女神，你们无处不在，无事不晓——
> 而我们听到的只是遥远的荣耀之环，我们

---

① 帕拉墨得斯，古希腊神话中的英雄，希腊联军中最有见识者，国王瑙普利俄斯和克吕墨涅的儿子。他勤恳、聪明、正直、坚定，而且长相俊美，能唱善弹。他发明了灯塔、天秤、量度器和骰子等；为传入希腊的腓尼基字母表加上了 4 个字母；他又是数目字、钱币、历法的发明者。他为希腊人做了许多事情，却被奥德修斯陷害致死。正义女神涅墨西斯从天上看到了这一切。她决定惩罚希腊人以及骗他们犯罪的奥德修斯，使他们遭到灾难。特洛伊战争结束后，奥德修斯被众神诅咒，在爱琴海及北海漂泊 10 年，才得以返回家乡伊塔刻。

② 斐罗斯屈拉特(约公元 170—245)，古罗马时期希腊作家、批评家。据传曾在雅典求学和执教。后长期居住罗马，写过人物印象记、书信和画评等。主要著作《亚波罗琉斯传》发扬了亚里士多德“模仿说”。

> 一无所知——
>
> 哪些人曾是亚该亚的首领？哪些又曾是国王？
>
> 我永远无法点清楚大军的数量，也叫不出他们的名字，
>
> 即便长着十条舌头，十张嘴巴，即使有一个永远
>
> 不知疲倦的嗓子，一颗青铜铸就的心。
>
> 除非奥林匹斯山上的缪斯，以滚滚雷击为盾牌的宙斯的女儿们，
>
> 把所有来到特洛伊城下的士卒都唱给我听。（Homer，1991：115）[①]

这段经文，和许多其他的祈祷语一样，颂扬了存储和灵感之间紧密的关联。根据基特勒的看法，它后来被删
99 减为圣保罗一世的《哥林多前书》(*Corinthians*)第十三章中的基督教想象（“我虽然能说所有人的语言以及天使的话语”）。这完全是一个荷马时代的关于话语渠道条件的话语。通过引入以及心甘情愿地屈从于胜过自己的歌唱和记忆的力量，这位游吟诗人欢迎着平克·弗洛伊德的《大脑损伤》中所描述的对舌头和大脑的控制：**有人在我的脑袋里，但那不是我。**

其次是爱。*Deur' ag' iôn*，塞壬们唱道：快过来。在所有学术性的解释之前，他们未能理解到，这是一个对

① 此处英文版引用注释有错误。引文出处应该是《伊利亚特》而非《奥德赛》，译文中已将其修改。

共赴云雨的邀约。在这个相当容易理解的分析层面，塞壬们就是宁芙——或者引用弗拉基米尔·纳博科夫[①](Vladimir Nabokov)的《洛丽塔》(*Lolita*)里的话：是小仙女(nymphets)——而不是缪斯。这段说给奥德修斯和他的同伴的话看上去就像是在沙滩上闲逛的女孩们在等待水手陪伴她们度过欢乐时光时直截了当说出的话。奥德修斯到达后，上岸和塞壬共度了良宵，补充了淡水储备，然后离开小岛继续向前航行。但是，为了确保里加利岛发生的事情不会被传到岛外去，奥德修斯后来编造了荒诞不经的关于危险和自我否定的故事，而这个故事数千年来一直欺骗着读者，包括易受骗的法兰克福学派的业余哲学家们。接下来，这个解读被赋予了词源上的光环。基特勒在这里又一次证明了他愿意闯入其他专家不敢踏足之地，他否定了其他所有关于塞壬的解释(比如塞壬源自意为“绳索”的古希腊词 seira，或者源自天狼星)，而选择了色雷斯人的开端说。根据他们的说法，zeirênê 指的是阿弗洛狄忒[②](Aphrodite)，即爱之女神，她掌管着塞壬们带给奥德修斯的爱。

不无巧合的是，**《音乐与数学》**第一卷的第一本书就被命名为**《阿弗洛狄忒》**。作为研究的对象和灵感的主

---

① 弗拉基米尔·纳博科夫(1899—1977)，俄裔美籍作家。曾在韦尔斯利、斯坦福、康奈尔和哈佛大学任教，以小说家、诗人、批评家和翻译家的身份享誉文坛，著有《洛丽塔》《庶出的标志》《普宁》和《微暗的火》等长篇小说。

② 阿弗洛狄忒，古希腊神话中爱与美的女神。生于海中浪花，拥有白瓷般的肌肤，是个金发碧眼的美女。她有着古希腊女性完美的身段和样貌，象征爱情与女性的美丽。

100 题，阿弗洛狄忒似乎对基特勒来说很重要。他重创了古希腊文学的经典，扫荡了一个又一个文本，以寻找类似于对这位女神的祈祷以及这位女神发出的邀请之类的内容。荷马提供了几个奥林匹斯山的最初场景："快点，亲爱的，来吧，让我们一起就寝/然后迷失在爱中吧！"（Homer，1996：200）这是阿弗洛狄忒的丈夫赫菲斯托斯（Hephaistos）为了公事离家时，战神阿瑞斯（Ares）引诱这位和他同父异母的妹妹时所说的话。这些话在被欺骗的和充满欲望的宙斯那里又被几乎一字不差地复述——"来吧，让我们一起就寝。让我们迷失在爱中吧！"（Homer，1991：380）——当宙斯看到妻子赫拉身着阿弗洛狄忒那不可抗拒的腰带时。"来这里吧，如果你曾远远地听到我的声音"，萨福[1]（Sappho）在献给阿弗洛狄忒的迷人的赞美诗中如此吟诵。即便在索福克勒斯[2]（Sophocles）的《俄狄浦斯在科罗诺斯》悲剧性的深处，唱诗团也歌唱出了"阿弗洛狄忒女神，拥有金色爱情缰绳的驾战车者"（Sophocles，1984：326）。

在这里，利害攸关的恰恰是试图复原基特勒心中关于 mimesis 的最初的古希腊文含义的努力——这个尝试

---

① 萨福（约前 630/612—约前 592/560），古希腊著名的女性抒情诗人。作品以情诗为主，风格温婉典雅，真情率性，她甚至还独创了一种诗体，后世称之为"萨福体"。

② 索福克勒斯（前 496/497—前 405/前 406），古希腊悲剧诗人。他共写了 123 部悲剧和滑稽剧，流传至今的有《埃阿斯》《俄狄浦斯王》《安提戈涅》《厄勒克特拉》《特拉喀斯少女》《菲罗克忒忒斯》《俄狄浦斯在科罗诺斯》等。

在很大程度上类似于人类学研究①。基本的观点似乎是，不管古希腊人什么时候参照它们的神明那样男欢女爱、花前月下——比如，在一些节日中，小伙子们和姑娘们会打扮成狄奥尼索斯和阿弗洛狄忒在草地上嬉戏（按照亚里士多德的看法，这就是荷马被孕育的方式）——他们模仿的正是他们的神所偏爱的举止，从而再造了他们自身的开端。从根本上说，在落入纯粹文学的领域前，古希腊的诗与歌称颂的正是无阻碍之爱的欢乐举动以及它们的不断反复：

> 这些重复之链……将爱转变为歌。有一个好理由，事实上有一个全世界最好的理由：没有欢爱的神就没有人类，没有欢爱的父母就没有我们这些孩子。于是只有感恩与重复得以持存。只要古希腊人在吟诵而不是做演说或者创作文学作品，这就是 μίμησις 的意义，作为一种对神的模仿的舞蹈。神灵也有男欢女爱。（Kittler，2006a：128） 101

或者，使用电报一般简洁的表述："神灵们在男欢女爱上率先垂范，我们人类跟随他们，并没有什么别的东西。"（Kittler，2006a：127）于是，塞壬之歌的首句不仅有意识地重复和展演了它的传递所依赖的技术与符号系

① 本书作者对此解释道，基特勒和海德格尔对人类学研究的评价都不高，但是他们的某些论述也回到了人类学层面。

统,还同样有意识地展开了爱之行动的邀约,这些后来在无数的歌曲和史诗中被称颂(非常频繁地称颂它们从而引发更进一步的重复)。

在这里,假借着毕达哥拉斯对菲洛劳斯和其他人的教导,基特勒的思考中出现了某种本体论意味的东西。正如生物是由男性和女性的结合所塑造的,世界则源自奇数与偶数。再生产出和谐之声的比率也是制造出爱的数值关系:“听听欢快的缪斯们的声音。用同世界一样简单的方式想象这世界(不管有没有菲洛劳斯)——是由男人和女人组成的。”(Kittler, 2006a: 171)塞壬们和竖琴不仅**吟诵出**爱(总是频频导致男欢女爱),它们本身**就是**爱。因为生成的符号、声音以及孩子们都产生于这两个分离群体的构成要素的递归性运作:一边是偶数、辅音和男性,而另外一边是奇数、元音和女性。只需要有一方——比如奥德修斯在里加利岛上的追求者——呼喊出“**过来吧**”。

对那些反对**追求者**这个单词的人而言,不妨再看看
前面的一长段引文。最后一句“神灵也有男欢女爱”在基
102 特勒的德语著作里以英语出现。这个引文是体现基特勒
学术追求的语句之一,显示了他试图以 20 世纪 60 年代以来的反主流文化抱负来丰富他对古希腊的独特解释。“神灵也有男欢女爱”是吉米·亨德里克斯[①](Jimi Hendrix) 1968 年的传奇式专辑《电子女儿国》(*Electric Ladyland*)中最开始的一首迷幻风格的歌曲。作为亨德里克斯的热心歌迷,基特勒在这里提到了几个关于亨德里

---

① 吉米·亨德里克斯(1942—1970),美国著名摇滚歌手、吉他手、作曲人,被公认为摇滚音乐史中最伟大的电吉他演奏者。

克斯的普遍看法。一些看法认为“**电子女士们**”是追求者（考虑到《电子女儿国》是献给她们的，这很合情合理），还有一些则坚持认为亨德里克斯指的是吉他。吉他和追求者的重叠暗示着性和音乐——对爱与和谐的探索——在基特勒的古希腊中融合在一起的方式，正如在吉米·亨德里克斯那里一样。

四、古希腊的和德国的事务

不论是否真的有过荷马，不论是否元音字母表确实是被设计出来抄写史诗的，不论《伊利亚特》和《奥德赛》是否确实都是因为古希腊字母有二十四个才分成了二十四卷的（参见 Kittler，2006a：120），更不论基特勒对菲洛劳斯和其他人的讨论是否建立在对一些残篇断章的选择性和不确定的解读基础之上的——在所有这些问题之外，还有更多的问题必须得到专家们的重视（到目前为止，他们的成果并不那么令人振奋）。业余的研究者依旧坚持他们最擅长做的东西：用专注于趋势与动机的一般化概括替代对技术和历史细节的深入讨论。本着这种精神，我们要提出的问题是：基特勒想象的是怎样的古希腊？背后的原因又是什么？

1. 基特勒的古希腊是一个相当**孤立的**事务（isolated affair）。许多专家，包括基特勒依赖的主要来源之一瓦尔特·伯克特[①](Walter Burkert),都强调了在荷马时代拓展至“整个地中海地区”(Burkert, 1992: 128)的“文化连续统一体”,然而基特勒则将古希腊变成了一个不需要什
103 么跨文化交流就出现的在文化上自我封闭的区域。伯克特断言,“古希腊的奇迹”不仅仅是一种“独特天分”的结果,而且“很大程度上归功于这样的直观现象,即古希腊人是西方人中最靠近东方的”(Burkert, 1992: 129)。基特勒在(欧洲的)古希腊人与(亚洲的)波斯人、闪米特人和埃及人之间划了一条很清晰的界限,因此,更别提他对古希腊的那些次等西方邻居的蔑视了——他们在基特勒最新的口头禅中被不屑地称为“愚蠢的罗马人(die dummen Römer)”。

2. 基特勒的古希腊是一个相当**文化的**事务(cultural affair)。基特勒声称元音字母表的发明来自抄录荷马史诗的渴望,而非来自任何记录政治活动或者经济活动的需要,这重新展现了古希腊首先作为一个文化实体的传统形象。毕竟(正如那个庄严的故事所展现的那样)历史上从来没有一个叫作古希腊的国家或者政治/经济实体。不如说,充其量有一些高度分散的民主的、贵族统治的或者专制的城邦和王国,它们看上去共享着相同的语言和文化。通过将古希腊的独立性和文化的首要性结合于一处,“基特勒事实上创造了一个文化纯粹性的领域”(Breger, 2006: 125)。因此,基特勒没有必要去考虑古

---

① 瓦尔特·伯克特(1931—),著名古典学家,苏黎世大学荣休教授,著有《希腊宗教》《古代秘祀》《东方化革命:古风时代前期近东对古希腊文化的影响》等。

希腊的次等邻居或是由贸易和政治构成的混乱的下层社会。

3. 基特勒的古希腊是一个相当**德国的**事务(German affair)。这个媒介—历史的共鸣——就是这样的观念，即，由数码改进的对多功能符号系统的复现有利于更深入地了解古希腊字母数字的成就——间或出现在古典研究某些部分中关于技术引发的变异的特有观念：也就是说，有一些时代、国家和地区同古希腊存在着更深的精神联系，因此也更能够洞察和知晓古代的秘密。花费大量 104
时间探索古希腊的德国人似乎尤其能够感知这种文化亲和力。最突出的主人公无疑是海德格尔，他有时候会故弄玄虚地讲述古希腊文字和德语具有的语言和思想上的深刻关联。对语言上的亲和性的聚焦产生于被感知到的历史相似性，因为在1871年之前，德国简直就是位于阿尔卑斯山北部的更寒冷且有更多树木的翻版古希腊。和古希腊一样，德国在很长一段时间里是由一些有着共同语言又高度分散的城邦、小公爵领地和王国组成的，因此，它最初就把自己视为一个文化实体而非政治实体或经济实体(同古希腊一样，它的命运常常与其东部和西部帝国的入侵联系在一起)。如此这样的文化生产至上成为所谓“古希腊在德意志的专制统治”(Butler, 1935)中的核心，其最显著的语言残留物无疑是德语复合词Kulturnation(文化民族国家)。

这里有某种形式的自恋在起作用。一旦德国的作家和哲学家们赞扬古希腊**并**确立了所谓的语言的、文化的和精神上的亲和性，那么所有古希腊人值得称赞的东西也就同样适用于德国人了。谈论古希腊是德国人不用谈论他们自己就可以实施自我理想化的一种方式：

> 理想化绝不是表达对他者的惊奇、崇敬、诧异和敬仰，而是这些作者们（即便不是所有人）自娱自乐用的理想的德国形象被转移到了古希腊身上。通过把它们的身份认同标记在古希腊的形体上，德国作家和哲学家们建构了他们自己的理想型，而且就像那喀索斯一般，爱上了身着古希腊衣服的他们自己。（Heller，2008：55）

105 克劳狄亚·布雷格①（Claudia Breger）在对基特勒“亲希腊幻想（philhellenic fantasies）”的深刻批评中指出，基特勒“回到了19世纪到20世纪初被清楚表达出的亲希腊理念和幻想中，但是……这些举动却是由20世纪晚期的成果所驱动的”（Breger，2006：114）。换句话说，基特勒并非简单重述了以德国人对19世纪的自我肯定或是魏玛共和国之文化动荡为基础的亲希腊理念。基特勒关于古希腊文化纯粹性的理念清楚地建立在这些传统之上，并且他将它们作为投影屏幕（projection screen）应用到后统一时代德国民族国家认同的重新协商之中。基特勒强调，古希腊既不是东方的（亚洲）也不是西方的（罗马），而是它自己的主人，是为了在古老问题的伪装中处

① 克劳狄亚·布雷格（生平年份不详），美国哥伦比亚大学德语和比较文学专业教授，主要研究领域为20世纪和21世纪的电影、戏剧、文学、媒介与文化理论等。

理下面的棘手问题(海德格尔的很多思考也同样与此有关):德国在何种程度上能够,甚至有可能一定找到第三条道路,它既不是美国式的资本主义,也不是苏联式的社会主义,或者——如果更新这个方程的话——同样不是激进的伊斯兰式偏离(radical Islamic aberrations)。正如基特勒在一个近期的访谈中所表明的,作为对《话语网络1800/1900》的延伸和拓展,他的古希腊研究计划试图"提供给欧洲——当然也是为了欧洲的利益——一个可行的思想基础并回到古希腊。毕竟,我们是否愿意在《新约全书》《旧约全书》或者《古兰经》那里结束呢?看在老天的份儿上:不!"(Kittler and Weinberger, 2009: 93)这些都涉及一个术语的重叠:有时候我们很难不猜想——可能是为了避免沙文主义的嫌疑——基特勒时常在表示"德国"时会使用"欧洲"。无疑,基特勒的古希腊不但是一个回到从前(retrojected)的德国,而且为夹在(文化上次等的)临近帝国之间的(文化上更优越的)欧洲提供了替代品。

4.如果不提基特勒对萨福充满恭敬的对待,基特勒理想化的古希腊是一个非常以**异性恋**为规范的事务(heteronormative affair)。然而不知何故,它不能持续下去,一个由信件、里拉琴和仿神式欢爱构成的全新的阿弗洛狄忒式的情欲世界受到了基本的异性恋活力的弱化影响。 106
古希腊人越来越热衷于制造词语而不是男欢女爱,基特勒似乎也对男性力量的衰弱表示悲叹。在这个特殊的语境中,布雷格将研究聚焦于基特勒和福柯解读《会饮篇》时的一个发人深省的差异。对基特勒而言,苏格拉底拒绝同亚西比德睡觉意味着一种衰退，其中纯粹的演说替代了酩酊大醉（参见 Kittler and Vismann，2001：86）。而对福柯而言，这个事实意味的东西正好相反：“在他的文化规范系统中，苏格拉底放弃自身欲望的自制能力为他的男性气质提供了基础”（Breger，2006：123）。这种为了建立起内心目标的自我否定的实践（这对霍克海默和阿多诺关于《奥德赛》的解读同样至关重要）与一个被基特勒称为“古典娈童恋时代”（Kittler and Vismann，2001：80）的朝着同性恋关系的转向有关联。布雷格指出，这样的联想在基特勒的阐述中是特别有问题的，因为它又重申了“关于柔弱的男性同性行为的刻板内涵”（Breger，2006：123）。那些能够做的人毅然去做了，而那些能够做却不想做的，则成了教授者。又一次，尼采的阴影赫然出现：苏格拉底是第一个哲学家，也是第一个颓废者。

5. 基特勒的古希腊是一个相当**非后结构主义**的事务（non-poststructuralist affair）。基特勒日益远离那些不可避免与之产生关联的伟大的巴黎思想家们，而他在性的问题上与福柯的相左成为另一个例证。基特勒恐怕从未想到，他为霍克海默和阿多诺精选的修饰语同时也可以应用到福柯身上。我们也很难避开这样的结论，即基特勒的古希腊研究和福柯的《性史》（*History of Sexuality*）有很多矛盾之处，正如基特勒的古希腊研究与《启蒙辩证法》的相互矛盾一样。布雷格所作的推断是正确的，
107 即，如果知道基特勒实际上是如何转化了自己对性别和主体性之古希腊共谋的分析，福柯恐怕会从坟墓里跳出

来(参见 Breger, 2006:120)。弗莱堡的尊贵客人拉康受到的待遇也没有比这更好。基特勒在对理想化的古希腊的论述中,对充盈性(fullness)、丰富性(plenitude)和述行性存在(performative presence)的强调,与拉康对缺失(lack)和延迟(deferral)的强调格格不入。就像布雷格指出的那样,这让基特勒离他的法兰克福学派主要对手更近,而不是离他在巴黎的老师更近:

> (基特勒的)未受差异性影响的关于非凡充盈性的浪漫化想象与被设计好的精神分析中抗压抑的发展发生了共振,后者常常和 1968 年学生运动以及其后的左翼政治联系在一起。于是,基特勒的思想和一些德国学术界他最喜欢的对手结盟了,比如赫伯特·马尔库塞,这位学者围绕着被海德格尔忽略的性主题重新定位了后者的狂喜的存在论。(Breger, 2006: 122-123)

古希腊对福柯以及拉康的背离构成了基特勒关于西方的传奇般纵览的一部分,这个纵览公然挑战了所谓后结构主义的一些最基本的原理。就像前面已经谈到的,最明显的例子是基特勒提到过古希腊字母数字系统与计算机之间的某种相似性。这两者都是以能够加工语言、视觉和声学数据的递归运作的符号系统为基础的。当然,基特勒并没有天真地认为里拉琴是一个通用机器(universal machine),或者认为菲洛劳斯是穿着宽外袍的阿兰·图灵，但是他明确暗示了在数字代码范围内，一个循环的或者螺旋的结构在更高的层次上呼应着多功能的希腊字母表。“在希腊字母表中，我们的感官是在场的——感谢图
108 灵，它们**又一次**得以在场。”(Kittler，2006b：59；重点为本书所加)或者用更清楚的表达：“古希腊的字母表在很长时间里融合了影像、书写和数字……我们在经历了那么多的误入歧途后，进入字母、图像和声调均由 0 或者 1 组成的奇妙图灵星系中时，才能够把握它究竟意味着什么。”(Kittler，2006b：207)问题的关键是，媒介—历史的共振带来了深刻的认知上的影响。我们能够理解古希腊发生了什么，因为“历史上第二次，一个由二进制代码构成的媒介能够编码、传输和存储任何将要发生的东西，从书写或运算到发出声音”(Kittler，2009：24)。因为数字条件下自我递归的多功能性的回归，我们相对先前世代的人们在理解古希腊文化上占据了更优越的位置，甚至可能比古希腊人自己理解得更好。

我们这里看到的是整个西方的黑格尔式编年史的另一种体现，这与后结构主义者所宣扬的对宏大叙事一贯的不信任形成了对抗。福柯的断裂(ruptures)让位于黑格尔式的远景(vistas)，破碎的声音(fractured voices)让位于初步的充盈性(elementary fullness)，丰富性(plenitude)替代了缺失(lack)，新开端(a new beginning)的可能性替代了经常性的延迟(constant deferral)。然而，即便有这些事实，基特勒还是无法摆脱后结构主义的标签。

在一篇关于托马斯·品钦《万有引力之虹》[1](*Gravity's Rainbow*)的论文中,基特勒嘲讽了对"后现代"这个术语的随心所欲的使用。"后现代"的主要功能似乎就是让学者们能够避免应付这本小说(武器)技术的面向,"在它面前我们人文学科的传统工具都悲惨地失效了"(Kittler,2003b:123)。这是不是同样也可以应用于"后结构主义"呢?也许这个术语并没有那么乏味俗套,但是如果从基特勒对古希腊的研究看,责任恐怕还是在那些依然要用此标签来表达他们想表达的东西的人身上。

6. 基特勒的古希腊最终是一个相当媒介理论化的事务(media-theoretical affair)。任何研究媒介理论的学者都知道,媒介的转变以及人们对新媒介技术的适应(ha- 109
bituation)都会带来对媒介历史的新认识。我们对荷马的看法已经因为模拟存储设备的发明而根本改变了,而数字技术毫无疑问将会重构我们对荷马的看法。米兰·帕里[2](Milman Parry)与阿尔伯特·洛德[3](Albert Lord)提出的所谓口头程式假设(Oral Formulaic Hypothesis)

① 美国作家托马斯·品钦所著的长篇小说,被誉为足以与乔伊斯的《尤利西斯》相提并论的"20 世纪后 50 年最伟大的英语小说"。该小说抛出悬念,德军正在制造一种威力巨大的火箭,盟军一方的官员与科学家,竭尽全力试图找到火箭基地。几乎所有出场的人物都不同程度地卷入这场侦查与反侦查的斗争中,但依然没有结果。作者将热力学第二定律引发的哲学猜想"热寂说"引入小说,借此隐喻科学技术造就的现代世界终将走向灭亡。小说以"反英雄"式的主人公斯洛索普的荒诞命运,揭露西方病态和疯狂的社会。

② 米兰·帕里(1902—1935),美国史诗研究者。

③ 阿尔伯特·洛德(1912—1991),原哈佛大学斯拉夫与比较文学教授。在米兰·帕里去世后继续推动其研究。

之形成,与速记表音符号的发明直接相关,即和记录与抄录荷马的现代欧洲版本——塞尔维亚和克罗地亚吟游诗人的诗句——直接相关。根据这个假设,荷马的特色是大量地使用程式化的形容语和固定表达。"'原生口语文化(primary orality)'和'口述历史(oral history)'在写作的垄断终结之后才出现,它们就像记录设备的技术阴影一般。"(Kittler, 1999: 7)媒介理论和传播研究预先假定了它们自己变化的媒介技术条件。

然而,我们对过往媒介成就的理解受到现有媒介表现的影响,其程度不亚于相关推测对它的影响。古希腊作为一个文化参照点有着至高无上的地位——按照这个著名的英国希腊爱好者的说法——在这里诞生了战争与文明的艺术。考虑到这一点,我们既承认它在政治、哲学和不同阵营间抗争的示范性地位,又将它视为传播活力(communicative dynamics)的典范,也是毫不奇怪的。后面这一点在伊尼斯的作品中得到了很清晰的展现。基特勒笔下的音乐—数学上的古希腊是他反对学术和政治主流的(反)文化议程的一个投影,而伊尼斯将古希腊雅典理想化为在时间偏向和空间偏向之间取得平衡的地方,则是他对一个受(电力的和电子的)空间偏向的传播技术
110 深刻影响的世界里时间和传统被遗忘之担忧的投影。正如基特勒的古希腊代表着一个能够挣脱周边帝国侵犯触角的德国或者欧洲那样,伊尼斯的古希腊则代表着面对着美国霸权,加拿大可以或者应该是什么样子。基特勒和伊尼斯的古希腊都是大规模的生存场景:基特勒的古希腊可以为欧洲如何通过展示它学到的关于自己的知识

来教给世界一些东西提供一个典范;伊尼斯的古希腊则为“在美国版的罗马中加拿大要扮演雅典”(Kroker,1984:117)的方式提供了一个典范。所有(西方)国家似乎都是希腊式的,但有一些比另外一些更具希腊特点。

五、古希腊的危险:存在的意义

所有这些都要附上一个重要的提示说明:基特勒的古希腊是一个有高度选择性的、内部**分裂**的事务。他论述的古希腊不是咖啡茶几上摆设的书籍、文献档案以及世界文学阅读课程中的古希腊,也不是伯里克利[①](Pericles)、柏拉图、帕特农神庙或者城邦的古希腊。总而言之,基特勒的古希腊(不同于伊尼斯和其他古希腊爱好者笔下的古希腊)并不是关乎雅典的。再一次,通过扎根于某种可以回溯到德国浪漫主义并与尼采和海德格尔(他们甚至可以被视为《音乐与数学》的共同作者)有交集的知识传统的方式,古希腊和它次等的邻国之间的区别在古希腊**内部**被重新讨论。基特勒笔下理想化的古希腊是荷马和赫西奥德[②](Hesiod)的古希腊,是萨福和索福克勒斯的古希腊(跟厌恶女性的欧里庇得斯不同,基特勒用批判法兰克福学派成员的狂放态度批判了后者)。我们这里要面

---

① 伯里克利(公元前495—公元前429),古希腊著名政治家。他毕生致力于经营奴隶制民主政治,扩张雅典的势力,促进了雅典奴隶制经济、政治、军事和文化的繁荣。

② 赫西奥德(约公元前8世纪),古希腊诗人。以长诗《工作与时日》《神谱》闻名于后世,被称为“希腊训谕诗之父”。

对的是德国同前苏格拉底哲学家的爱恨纠葛中的另一段插曲，即一些德国哲学家展现出的对某些古希腊吟游诗
111 人与思想者的特殊偏好。这些诗人和思想家中的大多数居住在雅典之外，以及/或者生活在关键的分界点之前——用海德格尔的有偏见的二分法来说，这个分界点之后人们用纯粹的哲学和文学替代了思与诗（Denken und Dichten，更详细的研究参见 Bambach，2005）。基特勒所做的特别的改动是，将类似菲洛劳斯这样并不被海德格尔所赞赏的毕达哥拉斯学派学者加入了分析过程之中，不过基本的分析并没有太多改变：在公元前 4 世纪左右的古希腊，某些事情发生了——一些东西出了问题。一个充满前景的开端被终止了，而理解和重温那些过去的岁月对我们而言至关重要。

根据基特勒的观点，这个关键的分界点发生在这样的时刻：符号和感觉之间的互动所展现的有意识的、庆祝性的和以媒介为基础的表演，被一个或多或少忘却了自身技术条件的存在意义上的困境（ontological stew）所替代了。在这个困境中，人们根据"形式和物质、意义和非意义、精神和身体，以及所有其他公元前 330 年开始出现的谬论"（Kittler，2006b：55）来分析这个世界。我们发现的不是颂扬、有意识的重现以及不可传递性，而是经过哲学美化的贬损、遗忘与诠释学。对诗歌、演讲和数字（更不用提食物与水）等基本事物的颂扬变成了对它们的贬损，因为它们现在以纯粹工具性的方式被用来指代哲学或者科学上的真理。作为一个对把我们带入存在（being）的神圣行为的有意识的重现，生存（existence）屈

从于对充其量只能算是被无意识地重复的存在的遗忘。最终，中介性表演（medial performances）的递归性——亲切地吟唱与谈论着我们吟唱、说话以及爱恋的方式——让位于媒介对讯息的从属。更直白地说，基特勒笔下理想化的古希腊似乎成了一个关于话语渠道条件的重大话语。可以说，所有古希腊的吟游诗人和数学家都在唱着《大脑损伤》，虽然明显使用的是海德格尔的方式： 112

> 存在的意义就是有存在。无论谁想要更多都会受到欺骗。荷马将这个吟诵给了我们听，他的传奇自一开始就被书写下来。这把在古希腊的开端中出现过的存在（Sein）和其他同样古老的由特洛伊和底比斯传说演变而来的诗歌残片相分离（这有时甚至要等到一千年之后）。
>
> 吟游诗人吟诵，我们着了魔一般聆听着。吟游诗人吟诵道，他故事里的英雄在吟诵的时候也让所有的听众入了迷。一个人，无论男人或女人，都伴着吟游诗人的吟诵而书写。就是如此。（Kittler，2006a：121）

从存在到诗歌残片，从古希腊玫瑰色曙光的魅力到误入歧途的、无休无止的对劳动所作的灰暗无趣的解释——我们应对的是关于海德格尔存在的历史中划时代的断裂的故事，这个故事推动着偏离正轨的诠释学时代的来临。这样的故事需要英雄（基特勒可能会推举荷马、毕达哥拉斯学派的学者们、海德格尔以及他自己），但更需要恰当的反派角色。基特勒头脑中有个合适的人选：亚里士多德。

亚里士多德的老师柏拉图——又一个涉嫌对尼采、海德格尔和基特勒笔下的前苏格拉底式非雅典的古希腊进行破坏的可疑雅典人——曾通过远离毕达哥拉斯式的对数字的过度迷恋，来提倡更抽象的“理念”概念，推动着物质和数学之间的区分。正如埃里克·哈弗洛克所强调的，后者展现了增强的字母顺序化对正统雅典话语实践的深刻影响。由标音法(phonetic transcription)带来的稳定性、易得性和沟通性从具体的词语转为抽象的事物。
113 理念是写作实践美化的抽象形态，只有当写作成为社会现实的一部分时，才会有一个理想化的和更高级的不朽真理的领域，这个领域比它既拒斥又依赖的现实更加真实。在基特勒的脉络里，阿尔弗雷德·诺斯·怀特海[1](Alfred North Whitehead)的著名论断，即欧洲哲学传统“由一系列对柏拉图的**注脚**构成”(Whitehead,1978：39；重点为本书所加)，必须按照字面意义而不是隐喻来解读。伴随着柏拉图，哲学作为书写产生了。任何后来的学术贡献——不管它是支持还是反对柏拉图——都不过是书写进一步的实例而已。

所有这些都可以归结为一个基本的事实：哲学——与海德格尔所称的**思**(Denken)相对——建立在对产生它的媒介的隐匿(suppression)之基础之上。如果后者被承

---

[1] 阿尔弗雷德·诺斯·怀特海(1861—1947)，英裔美籍数学家、哲学家，因其在数理逻辑、科学哲学和形而上学方面的成就而闻名于世，被认为是20世纪最伟大的哲学家之一。

认,那也只是以隐喻的形式被承认而已,就像柏拉图的《费德罗篇》(*Phaedrus*)中关于书写的著名段落中那样。正如基特勒在他的论文《走向媒介本体论》(Towards an Ontology of Media)中阐明的,哲学无法

> 将媒介构想为媒介……起始于亚里士多德:首先,亚里士多德的本体论只探讨各种事物以及它们的内容和形式,却不研究这些事物在时间和空间上的相互关系。……其次,因为希腊人不在有声的言语元素与书写的字母符号之间做出区分,因此书写作为哲学自身的(技术)媒介的概念,从亚里士多德以来就一直是缺失的。(Kittler, 2009: 23-24)

希腊字母表有些太高效了,它太好了故而变成了现实。字母是如此轻松地服务于演说,让人们很容易就忘却后者也建立在前者之上。亚里士多德忽略了他所依赖的极其高效因此几乎不可见的媒介,他的形而上学聚焦于理念(eidos)和质料(hule)、形式与物质的区别,这种不 *114*
平衡的二元论(unequal binary)假定某种存在或者直接性的形式直接否定了居间中介研究对象要涉及的空间上的延迟(spatial deferrals)。然而讽刺的是,虽然亚里士多德忽略了媒介性,但他却是最早构想出媒介的人之一,即便他只是在人类感官知觉的情境中来构想媒介的。基特勒指出,在亚里士多德之前,古希腊的原子论者坚持认为为了看见小的东西,图像或者形象从特定物体中分离开来,

穿过一个真空然后进入我们的眼睛。对此，亚里士多德持不同看法。他认为，在我们和物体之间有空气，在我们的眼睛中有水，这些都必须被穿越。因此，水和空气意味着一种“中间”，也就是说一种媒介：

> 换句话说，他（亚里士多德）首次把一个普通的希腊前置词（metaxú，即英语的 between）变成了一个哲学的名词或概念：tò metaxú 即媒介。在缺席与在场、远与近、实体与灵魂的“中间”，存在着的不再是无物，而是一种媒介关系。（Kittler，2009：26）

不过事情并没有如此简单。首先，将 tò metaxú 翻译或者辨识为拉丁文“媒介”的，是托马斯·阿奎纳[①]（Thomas Aquinas）对亚里士多德《论灵魂》（*Peri Psyches*）进行了颇大改动的拉丁文译本 *De Anima*。不管是因为其不可靠的希腊文水平，还是受到他自身先入为主的观念的影响，阿奎纳称之为媒介的东西和亚里士多德的“中间”并不完全相同。其次，如果我们更细致地考察亚里士多德版本的《论灵魂》，就会发现 tò metaxú 与其说是亚里

---

① 托马斯·阿奎纳（约 1225—1274），中世纪经院哲学的哲学家、神学家。他把理性引进神学，用“自然法则”来论证“君权神圣”说，是自然神学最早的提倡者之一，成为天主教长期以来研究哲学的重要根据。他的代表作为《神学大全》。他所建立的系统的、完整的神学体系对基督教神学的发展具有重要的影响。

士多德的原创贡献，倒不如说是他对德谟克利特[1]（Democritus）学说的释义。可以说 tò metaxú 不仅位于物体和眼睛之间，它还位于德谟克利特和亚里士多德的文本之间（Hagen，2008：23）。 115

但是基本的叙事没有被这个问题所影响。亚里士多德构成了一个莎士比亚意义上的多变的反派角色，他一方面令人惊奇地将无知与洞察混合，引发了一个划时代的遮蔽（epochal cover-up），另一方面又提供了揭开被遮蔽之物的关键概念。经典意义上的哲学同实至名归的媒介理论是互不相容的，因为前者的出现依赖于对后者的遮蔽。于是，对媒介本真的恢复有赖于摆脱形而上学的遮蔽，而这样的一种遮蔽为废除其自身提供了切入口。基特勒认为，这个关键的时刻伴随着海德格尔对西方形而上学的解构而发生或者开始出现。

于是，基特勒明显地将自己关于字母数字的大型研究项目视为对一种海德格尔的存在的历史的继续，不过这种解读是以一种在技术上和数学上的内容都更为丰富的形式来进行的。和海德格尔一样的是，基特勒回到了欧洲思想夭折的开端。但和海德格尔不同的是，他为数字的实际表现保留了一个特别的位置（这些数字由字母数字元音字母表的递归所支持），正如菲洛劳斯的里拉琴指令 δ και γ 所展示的那样：

---

① 德谟克利特（约公元前 460—公元前 370），古希腊哲学家，原子唯物论的创立者，曾被马克思和恩格斯赞誉为古希腊人中“第一个百科全书式的学者”。

> 这个指令在以下两个基本方面同亚里士多德的本体论存在差异：首先，它毫无疑问是真实的；其次，它能够轻松地被证明。无论是谁，只要有耳朵能听，就可以听从菲洛劳斯的教导，发现里拉琴不仅仅是任何文化中都存在的乐器的一种，而且是一个将数学和感觉的领域联结在一起的神奇事物。用汉斯-约尔格·莱茵贝格[1]（Hans-Jörg Rheinberger）的新词来表达，它是一个“认知的事情（epistemic thing）”。关于展露的这件事情本身似乎是意义的唯一意义，换
> 116 言之，即**逻各斯**在计算机化的环境下能够具有的唯一意义。毕竟，菲洛劳斯和他的跟随者们，那些“所谓的毕达哥拉斯学派学者”……逐个地说明了 4∶3 的比例产生四度和音，3∶2 的比例产生五度和音，而 2∶1 的比例产生作为理性的八度和音。（Kittler，2006b：56）

逻各斯不是纯粹的词，也不是宏大的抽象概念，而是一种有魔力的、能够在数字上被分析的和谐。这让我们能够触及基特勒古希腊历险的核心含义：

1. 基特勒在 1995 年就承认，他“仅仅是将海德格尔的技术概念转移给了媒介”（Kittler and Banz，1996：21）。在近期的一个访谈中，他将他的古希腊研究称为“一个所谓的最新的存在历史”（Kittler and Weinberger，

---

① 汉斯-约尔格·莱茵贝格（1943—），德国当代著名科学史学者。

2009：102)，进而对其做了迄今为止最简洁的概述。在基特勒断言海德格尔所属学科的死亡，并宣告一些先于它且准备接替它的事物的诞生，从而与海德格尔相会合时，这种建立在充足信息基础上的对海德格尔的附属态度如今又再次出现。**在媒介性中且对媒介性进行思考，**这样的回归(过去曾被本体论遮蔽)宣告了哲学的终结。如果因为逻各斯可以通过机器以及在机器中被表现——就像海德格尔极其惊讶地意识到的那样，使得诸如**自然**与**逻各斯**之间的对于哲学而言不可或缺的根本区分被摧毁了，那么哲学也走向了终结：

> 到此为止，亚里士多德学派的逻辑学再也不是教授的研究任务，而是由数字计算机来执行，哲学就其本身而言已经走到了历史的尽头。然而，与此同时，思想的曙光方露微明，思考的任务刚刚开启。海德格尔用简洁的语言要求我们第一次重新思考欧洲本身的媒介历史，以及欧洲思想由于其全球化的扩张而消失的具体时间。这种递归式反思(recursion) 应该从最早 117 的希腊思想家—诗人(thinker-poets)开始，经由亚里士多德关于物理学与逻辑学的重要区分，最后通向我们时代最新的指令与计算机器。(Kittler，2009：29)

《音乐与数学》的开头清楚地说明了这些危险："要么一个新的开端将会延续古希腊的开端，要么古希腊的开端就是徒然无意义的。”(Kittler, 2006a: 12)如果无法完成“思考的新任务”,无异于对古希腊的背叛。

2. 如果所谓的后结构主义曾有过开端的话,那么它也走到了尽头。绕开海德格尔,然后再通过德里达、拉康和福柯迂回地靠近它已经变得没有必要了。如果老年海德格尔对青年基特勒将要更深入细致探究的数字技术的影响已经有所认识,那么在他们二者之间就不存在什么距离了。但恰恰是在这样的距离中,“法国理论”发挥的桥梁作用,将海德格尔同基特勒等充分意识到海德格尔思想的条件及可能的结果的思想家们联系起来。并不是基特勒抛弃了拉康和福柯,他们仅仅是隐去不见了,就像渐渐远去的小山丘消失在它们背后的(黑森林)山脉中。就福柯而言,这个情况特别明显。一方面,福柯式的话语分析聚焦于言说的集合(ensembles of utterances),他探索它们不是为了获得意义,而总是针对特定知识型中全部可以说出的东西。它指向了香农的信息理论,后者声明信息存在于说出来的东西和本应说出来(却保持静默)的东西的比率之中。另一方面,福柯的关于断裂的历史,对基特勒而言,本质上不过是海德格尔的同样有断裂倾向的存在历史的长脚注。简而言之,后现代的代理人们
118 被吸纳入他们之前和之后的东西中了。弗莱堡——海德格尔和基特勒所在的城市——现在可以沉醉于同自身的对话中,它不再需要借助巴黎迂回绕道。

3. 暂且抛开所有需要更加详细分析的语言学、哲学、媒介理论和音乐理论史的问题,很明显基特勒的古希腊是一个多面的投影(multifaceted projection)。正如克劳

狄亚·布雷格所分析的，其中一些与德国存在已久的亲古希腊想象有关，另一些则同1968年反主流文化的抱负有关。后者无疑还与某种娱乐价值相伴随。拉森·鲍威尔[1](Larson Powell)在一个对《音乐与数学》的详细评论中，将基特勒的风格批评为“嬉皮士们的海德格尔”(Powell，2008：95)。这是对基特勒研究内容的恰当总结：基特勒的古希腊是由海德格尔**和**嬉皮士共同构成的。不过，基特勒的古希腊还是某些别的东西的投影屏：他自己。他笔下的古希腊是一个自画像，这个自画像有着理想的伯罗奔尼撒人的样貌和比例。在晴朗的地中海天空下，这些古希腊人做的正是基特勒看到自己在做的事情。他们听着荷马、萨福或者塞壬吟诵，心花怒放，如痴如醉，神魂颠倒。他们手中持着里拉琴和蜡块，试图弄懂那些魔力是怎样发生的，又是如何被重复的。基特勒既阅读黑格尔和福柯，也阅读荷马和品钦；他聆听瓦格纳同利盖蒂、吉米·亨德里克斯，也聆听平克·弗洛伊德，而且听得心花怒放。接下来他试图定位让文本得以运作也让沉醉得以可能的话语规则(现在恰当的术语应该是算法)，然后他决心制造机器并写代码，以此来营造魔力。理性分析和狂喜之间的转换，可能是基特勒研究的基本特色。就像令人扫兴的哲学家们出现并将讯息和意义从媒介和表现中抽取出来之前快乐的古希腊人一样，基特勒不愿意屈服于诠释学的诱惑，正如他后来拒绝由软件引发的幻象而背弃硬件一样。在被《大脑损伤》以及类似事件彻 119

① 拉森·鲍威尔(1960—)，密苏里大学堪萨斯分校外国语言与文学系教授，专长为文学和电影研究。

底吞没后，我们有必要研究这首歌是如何通过制造能透露这种影响之规则的机器，从而将它的歌名强加于听众的：

> 我们这一代人的耳朵里充斥着吉米·亨德里克斯的碰撞声以及平克·弗洛伊德，而且听得感动万分，充满敬畏。在这种情况下，我试图通过至少建造一个按计划自身能展现这些表演的技术装置之类的方式，从这些快乐的冲击中撤退。毕竟，那是人们可以与艺术打交道的唯一途径。(Kittler and Maresch, 1994: 107)

第五章 充满争议性的学术成果

一、“媒介决定着我们的境况”

基特勒是充满争议的。如果谈到 120
基特勒，这或许也是唯一没有争议的一点。让事态更加复杂的是，想把真正的争议和无端的争议区分开来是很难的。一些争论，包括那些聚焦于基特勒的错误和存在问题的假设的争论，无疑是有必要的。但另外一些争论，尤其是将基特勒视为一个便利的替代物并以此开启围绕后结构主义、反人本主义或者技术决定论的更宏观讨论的那些争论，是不那么必要的。除此之外，还有相当一批肤浅的争论既兴致勃勃又义愤填膺地聚焦于基特勒说过的从未太当真的煽动性的题外话和俏皮话（虽然批评者们准确地知道基特勒并不是最先使用它们的人）。因此，关于基特勒的任何最终评判，都必须将对那些争议点的评述包括在内。

首先，不可避免地存在着对技术
决定论的批评，这种谴责常常带有一 121
些道德义愤。把某人贴上“技术决定论者”的标签有点类似于说这个人喜欢扼死可爱的小狗：行动的卑鄙和堕落让进一步的讨论变得毫无必要。这样的批评者是很多的，他们中的许多人看上去不是缺乏能力就是缺少时间来详细说明他们谈到的技术决定论到底是什么，他们对继续讨论这个问题并无兴趣，而是仅仅想要维持住这个标签，然后转到其他问题上去。

当然，这样的批判是毫无根据的。诸如“媒介决定了我们的境况”（Kittler，1999：xxxix）这样的概括性表述值得我们进行同样清晰的回应。然而，当你更进一步检视一些基特勒的历史分析时，问题就会出现了。毫无疑问，从话语网络 1800 到话语网络 1900 的转变被认为是由媒介导致的。在处理数据的新型技术手段到来之时，整个文化的上层建筑都被颠覆了。但在此之前，从所谓的学者共和国（福柯在《词与物》中描述的“古典”知识型的基特勒版本）到话语网络 1800 的转变又是怎样的呢？18 世纪下半叶并没有相应的媒介断裂。话语的、教育的以及政府治理上的实践都变了，但数据处理技术并没有改变。基特勒在这里表达的正是他不想说的东西：使得人们以新的方式说话和写作的代码与协议主要来自社会领域而非技术领域。

许多媒介理论介绍读物和手册都喜欢将基特勒同另一个技术决定论者马歇尔·麦克卢汉放在一起进行比较。二者之间有明显的对应部分，麦克卢汉对基特勒也有明显的影响。他们两位最先都是文学领域的学者，因为对自身学科产生了不满，故而转向研究变化的媒介技术的结构和效果。他们两位也确实都凭借语言学背景对媒介研究产生影响。就方法论以及素材而言,《留声机 电影 打字机》和《光学媒介》得益于《理解媒介》的程度要比基特勒偶尔(以及有时嘲弄式的)对麦克卢汉的引用大得多。更不用说语言风格上的类似了。正如约翰·彼得斯评论的,基特勒更靠近“麦克卢汉式的华丽的循环论证,而不是伊尼斯式古怪的对细节的累积”(Peters, 2010: 6)。直到现在,基特勒依旧喜欢引用麦克卢汉,但很明显的是他认为麦克卢汉虽然发现了正确的问题却总是给出错误的解释。和麦克卢汉不同,基特勒认为并没有必要将所有媒介都挤向人类感觉器官的瓶颈,詹姆斯·凯瑞(James Carey)曾在几十年前指出后者“是一个特别薄弱的基础却要支撑着如此巨大的上层建筑”(Carey, 1969: 294)。麦克卢汉对人类感官的聚焦正好是将他与基特勒区分开来的根本性差异。在基特勒看来,麦克卢汉“对感官的了解要胜过他对电子学的了解,因此他会试图依据身体来思考技术而不是依据技术来思考身体”(Peters, 2010: 29)。简而言之,麦克卢汉是且一直是一个以人类为中心的思想家,他将媒介概念化为人身体的延伸。麦克卢汉要克服自己的错误,就应该学习更多的电子学知识,或者阅读更多的海德格尔。不仅如此,麦克卢汉还是个狂热的天主教徒,对新教徒基特勒而言,麦克卢汉关于计算机预示着“世界范围的理解与和谐的神恩降临的状态”(McLuhan, 1964: 83)这样的华丽见解,不过就是一种“极端天主教的媒介狂热,它不过把圣灵和图灵机器混淆在了一起”(Kittler, 2010: 30)。 122

不过,还存在着一个更细微的差异,它涉及了技术决

定论问题的核心。根据麦克卢汉的看法，一个特定媒介
123 的技术特质以某种可预测的方式影响着感官比例，进而对个体以及知觉进行了改造。比方说，印刷出版的线性连续早已塑造出了古腾堡星系超然的、视觉中心主义的、客观化的世界。在基特勒更加微妙的解释中，技术决定论的这个面向是不存在的。正如从学者共和国到话语网络 1800 的非技术性转变所显示的，基特勒预设了一个偶然得多的技术与理念体系间的关联。如果把基特勒和另外一位更有名却彻底被他推远的研究基础与上层建筑的思想家放在一起分析会更有启发性，这位思想家就是卡尔·马克思。基特勒——这个对政治左派几乎没什么同情心的思想家——有时会重点提到马克思，不过同主流知识背道而驰的是，基特勒赞美的是更年长的、写作《资本论》(*Das Kapital*)的那个“经济主义的”马克思，却对年轻的、写作《巴黎手稿》的“人文主义的”马克思没有什么兴趣。鉴于对基特勒技术决定论的批判会令人想起那些对马克思和恩格斯经济决定论的批判的事实，这丝毫不令人感到奇怪。在这里，我们不妨回顾一下恩格斯(Friedrich Engels)在 1890 年 9 月写给约瑟夫·布洛赫[①](Joseph Bloch)的著名书信，这封信恰好谈到了此类批判：

> 根据唯物史观，历史过程中的决定性因素归根到底是现实生活的生产和再生产。无论是

① 约瑟夫·布洛赫，1890 年时柏林大学的学生，曾就历史发展过程中经济基础是不是唯一的决定性因素等问题向恩格斯请教。

> 马克思还是我都从来没有肯定过比这更多的东西。如果有人在这里加以歪曲，说经济因素是唯一决定性的因素，那么他就是把这个命题变成毫无意义的、抽象的、荒诞无稽的空话。(Marx and Engels, 1975: 396)

将这个诊断改掉两个词，就十分适合基特勒了：决定性因素归根到底是数据的生产和再生产，但如果将其加 124
以歪曲，说媒介—技术因素是唯一决定性的因素，那么他就是把这个命题变成毫无意义的，或者最多是相当琐碎的见解。对基特勒而言，媒介技术和文化技艺是构筑不同话语网络的构成性要素，这种说法固然没错，但这种说法是个过于普遍的假定，因此没有什么分析力量。不过，就像我们一开始提到的那样，基特勒无疑属于有罪的一方。他对煽动和用更坚实的外部框架替代“20世纪60年代人文学科的人类趣味(human sauce)”(Kittler and Maresch, 1994: 96)的渴望，激发他使用夸大与挑衅的表述，这必会引来同样是一边倒的指责。当然，这也激发更年轻的学者们写作论文，这些学者远比基特勒更有决定论的色彩。恩格斯也附带地承认了：

> 对于青年们有时过分看重经济方面(夸大经济方面应该扮演的角色)这个事实，马克思和我应当对此负一部分的责任。在反驳我们的论敌时，我们常常不得不强调被他们否认的主要原则。而且，我们不是始终都有时间、地点和机

> 会来给其他参与交往互动作用的因素以应有的重视。(Marx and Engels, 1975: 396)

二、写作(与)女性

除了技术决定论之外,基特勒三个最具有争议性的面向是棘手的3个W:战争(war)、女性(women)和写作风格(writing style)。

让我们先从基特勒的写作风格说起:基特勒由于其文体上的独特风格曾经遭受过不少批评、嘲讽和责难——尤其因为他对众多的年轻学者产生了相当大的影
125 响而更加如此了。对德语学术文体的鉴赏家(这个职业颇具娱乐价值)而言,所谓的"基特勒德语"或基特勒式德语(Kittlerdeutsch)简直是同更加著名的阿多诺式德语或海德格尔式德语一样辨识度很高的亚语言类型。要说最具有标识性的词法和句法特征,第一是大量使用"仅仅""只不过""不言而喻地"此类副词在事情恰恰没有那么简单的时候来表达简单性;第二是喜爱将由"这就是为什么"(weswegen)、"为此"(weshalb)、"因此"(woraufhin)等引导的从属关系从句(subordinate relative clauses)改变为缩短了的主句(truncated main clauses)。第一个特征直接展现出基特勒对明朗文字的喜好,也就是准确描述文化生产之下的基本或"简单"的代码、算法和结构。第二个特征通常发生在他准备强调一个要点之时。这就是为什么由"这就是为什么"引导的句子都值得特殊关注。

罗伯特·霍勒伯对基特勒在修辞上的越界给出了一个综合且详尽的清单(comprehensive checklist)：

> 他的论述在多数情况下被视为内在的和隐蔽的。读者很容易产生这样的印象，即基特勒写作不是为了沟通，而是为了取悦自己。他的文字里充满了优美的措辞、双关语以及意义模糊的表述，这有时会让阅读变得愉悦，但更多时候它不仅像是严肃的学术论证还更像是自由的联想。就像在这里和海外的许多后结构主义作品一样，时常被引用的精确性更多是对确信事物的断言而不是论证的某个事实：分析常常让位于无可置疑的陈述，而逻辑再三向修辞上的炫技让步。(Holub，1992：103-104)

这是一个准确的总结(相对其他人写的内容，这还是比较客气的)，它涵盖了基特勒最显而易见会引发异议的特征。同他学术活动的基本潜在推力——狂喜和理 126
性分析之间的相互转换——相一致，基特勒的文本也以令人眼花缭乱的方式在省略和明晰性之间摇摆。其中有许多东西，尤其是源自所谓法国理论的理论预设，基特勒始终未能解释清楚，而其他一些东西，尤其是晦涩难解的技术细节，基特勒则清楚详尽地予以了说明。基特勒用详尽的说明与细则替代了拉康无疑的、深奥难懂的沉思默想(esoteric ruminations)所推崇的隐晦暗示(cryptic allusions)。在最好的情况下，基特勒的文本能让人想起福柯的文本恰到好处的精确性（虽然还带着少许的波西米亚式幽默，令人惊奇的是，这在弗莱堡的传播似乎比在巴黎的更为广泛）。在最坏的情况下，基特勒的文本则沦落成了一种由理论讲述和技术黑话共同构成的毫无规则的混杂物。

基特勒对女性的分析则展现了一个更加棘手的话题，这在《话语网络 1800/1900》的前半部分特别明显。如果我们重复书中分析的核心观点的话，所谓的歌德时代把女性排除在了文学创作的核心圈子之外，并将她们贬低到了另外两个位置上：要么是输入位置（作为启发灵感的、时常情欲化的语言之源头），要么是输出位置（作为那些如迷恋名人的粉丝一般涌到男性作者身边的女性读者）。女性必须阅读男性的作品，从而学习怎样才能做好女性、母亲或者缪斯来教授或者启迪男性说话。随着话语网络 1900 的到来，女性作为能够录制从男性之口中传出的数据流的秘书以及人类打字机，进入先前时代还是封闭的性别环路之中，成为文化生产的一部分。因为女性这时被纳入文化线路的核心圈子之中，基特勒的分析将此视为一个划时代的转变，似乎涉及一种进步（promotion）。毫无意外的是，有女性读者略带讽刺意味地提出了一个合乎情理的问题，即是否“有能力或者被允许记录
127 口述内容真的具有如此重要的影响”（Kloock and Spahr，1997：17），换言之，女性的状况是否确实比之前更好了。基特勒对历史现实傲慢的轻视让事情变得更糟糕了。当他以屈尊俯就的方式承认话语网络 1800 中没有什么能够阻止女性们“时不时拿起笔”（Kittler，1990：125）时，

就忽略了这样的一个事实，即 1770 年与 1830 年之间写作和出版著述的女性要远远多于“时不时”这个轻率的表述所显示的那样。不过，最关键的问题还不是从事写作的女性数量，而是这怎么和基特勒的基本分析协调一致。如果话语网络 1800 中性别与语言的分化可以追溯到摇篮期间，那么女性是怎么写作的？女孩们同母亲的语言之间有怎样的关系？在一个文学话语被转译为男性专有的世界中，女性写的是什么？为什么会有那么多的女性（不管她们有没有使用男性化名）能够占据原本专门为男性保留的位置呢？

可以确定的是，以前没有人把基特勒称为一位女性主义者或者性别理论学者，以后恐怕也没有人会这样做。基特勒曾经写出这样嘲笑性的题外话：把“写的东西不过是关于她们已经成为作者这个事实的女性的文学”看成是“琐碎事物与冷咖啡（kalter Kaffee）”（德语表达“kalter Kaffee”和英语表达的“old hat”具有类似的轻蔑意味），因此他不太可能获得任何年度男性进步批评家之类的奖项（Kittler and Banz，1996：48）。然而，《话语网络 1800/1900》令人惊奇地代表了与性别建构的历史分析有关的，最早写就的也是最雄心勃勃的德语论著之一。关于性和性别的问题，基特勒的姿态会令人想起他的巴黎**老师**——拉康。在关于法国“话语理论”能够和不能够为女性主义政治做些什么的简洁阐述中，南希·弗雷泽[①]（Nancy Fraser）主张，拉康通过成功挑战生物主义（biolo- 128

① 南希·弗雷泽（1947—），美国社会研究新学院哲学与政治学系教授，当代著名政治哲学家。

gism)根深蒂固的观念(女性和男性都是由他们的身体决定的)而作出的任何贡献,都被他对象征主义(symbolism)与心理主义(psychologism)依然受限的混杂(女性和男性是由他们在男性中心的象征秩序中的标记所决定的)消解了。"拉康提出的说话的主体不是话语实践的行动者(agent)。它不过是象征秩序同某些被压抑的本能驱力相结合而产生的效果。"(Fraser, 1992: 185)不管拉康对话语在定义男性和女性的至关重要性上的强调是多么前景广阔,归根到底他不过是提供了一种向临近地带的逃离。这同样适用于基特勒:生物主义被象征主义替代,后者意味着用另一种类型的限制替代原有的限制。然而,年轻的基特勒通过强调心理机制的偶然性和历史性,似乎指出了一条逃离拉康的牢笼的路径。不过要将其与话语网络分离开来(就像威尔伯里在英文译本的导语中所做的那样),则需要一个能够将基特勒激进的历史化路径同话语上的性别操演(gender performativity)的观念相结合的理论工具箱。这样的工具箱在20世纪80年代中期的德国已经无迹可寻。坦率地说,基特勒分析的问题在于,它出现在朱迪斯·巴特勒[①](Judith Butler)的著作撼动德国学术圈之前的黑暗岁月里。既然几乎没有什么概念上的专业知识可以用来分析性别问题,那么也就更容易忽略基特勒论述中无法控制的大男

---

① 朱迪斯·巴特勒(1956—),当代著名性别研究学家,加州大学伯克利分校修辞与比较文学系教授。在女性主义批评、性别研究、当代政治哲学和伦理学等学术领域成就卓著。代表性著作包括《性别麻烦》《有所谓的身体》等。

子主义气质。而到了性别理论能够将有用的谷从性别歧视的糠中分离出来的时候，基特勒本人已经走向或者回到了一种自然化的和他律化的性别描述了。在基特勒更早期的研究中被话语所决定的女性，到了他的古希腊研究中似乎转而成为被自然所决定的、迷人的、情欲化的，而且多半是吟唱着的欲望对象，正是她们让男性能够写 129
字、作诗并进行哲学探讨。

三、米克·贾格尔[1]的闪电战和机械主体

不过，同战争的问题相比，所有的这些论争都变得不那么重要了。战争是一个特别热门的话题，正是它招致了基特勒的一些最显著的错误：

> 我不属于那些厌恶德国**国防军**及其军事行动的理论家之一。比如，近期存在着不少关于第二次世界大战期间莫斯科攻防保卫战中德国**国防军**所做暴行的讨论，对此我能理解。尽管如此，很明显的是……对我而言第二次世界大战真正的谜是希特勒的**闪电战**如何可能在两年时间里征服了除芬兰之外的几乎整个欧洲？这对我而言是一个**难以置信**的事件。(Armitage，2006：27)

---

① 米克·贾格尔(1943—)，英国摇滚歌手，滚石乐队创始成员之一。

整个欧洲大陆？对于西班牙、葡萄牙、爱尔兰、苏格兰、英格兰、冰岛、瑞典和瑞士的读者而言可能出乎意料，更不用提这样的事实——从德国发动最早的闪电战到其占领部分东欧国家之间的间隔其实超过了两年的时间。考虑到基特勒在技术—军事问题上展现得那么一丝不苟（以及对他人的错误甚为严苛），这样的大错误实在令人惊讶。究竟是什么继电器之后被错误地接入到他的脑子里，让他犯下了这样的错误？

第二个错误——不那么显而易见却在根本上更具启发性——涉及的是德国的计算机先驱康拉德·楚泽[1]（Konrad Zuse）。基特勒声称，楚泽的 Z4 计算机——一个可编程的、建立在继电器基础之上的电子数据处理机器，虽然不具备条件转移（conditional jumps），许多人还
130 是将它视为第一个完整的图灵计算机（参见 Agar，2001：41-52），它被用来“决定哈茨山脉地堡之中的 V2 导弹的命运”（Kittler，1999：259）。也就是说，Z4 计算机据说是被设计用来对准英国 V2 导弹的飞行轨迹的。但事实上，这是错误的。基特勒本可以轻易地避免这个错误，如果他像平常一贯所做得那样好的话：也就是，阅读——这里阅读的是楚泽的回忆录中的相关部分。楚泽讲述了一个流浪者风格——如果不是品钦风格——的故事。Z4 计算机是楚泽在其父母位于柏林的公寓中组装的第四台机器，又被称为 V4。“V”在这里代表的是实验模型（Ver-

---

[1] 康拉德·楚泽（1910—1995），德国建筑工程师、计算机发明家。他提出了计算机程序控制的基础概念，于 1941 年首次设计完成了使用继电器的程序控制计算机。

suchsmodell)，因为这台机器很像 V2（V2 也被称为 A4，这更容易导致人们混淆两者），他的一名合作者成功地劝说有关当局命令楚泽和他的同事们将 Z4/ V4 撤离，让其远离正在逼近的苏联红军，进入图灵根州的一家地下军火工厂——成千上万的集中营关押者在那里组装 V2/A4 导弹。这个研究团体目睹了那里的非人境遇之后，逃离到了南德的阿尔高地区，在那里等待战争的结束（参见 Zuse，1993：91-94）。在某种程度上，基特勒是可以被原谅的，因为他引用的只不过是另外一个无可挑剔的来源，安德鲁·霍奇斯[①]（Andrew Hodges）所著的卓越的阿兰·图灵传记中声称："楚泽的计算机被用于 V2 导弹的设计上。1945 年，楚泽自己被安置到生产多拉巨炮的地下工厂之中。"（Hodges，1983：299）霍奇斯承认他犯了错误。但是基特勒的错误还有更多。这是异想天开的典型案例，这个存在着问题的想法在根本上直接同基特勒对战争（尤其是"二战"）的观点有关。

自 20 世纪 80 年代中期到新千年初始的这段时期，要阅读基特勒的任何作品，几乎都不可避免地会碰到强调现代战争对媒介变革至关重要的段落。战争似乎成就了所有技术之父，中介先天论（medial a priori）沦落为军事先天论（martial a priori）。《留声机 电影 打字机》是对此说得最清楚明白的文本。这种由一到三再到一的叙事（书写分化为存储媒介，然后数字化又扬弃了前两者）据称是由一系列战争引发的： 131

---

① 安德鲁·霍奇斯（1949—），数学家，牛津大学活德姆学院院长、教授，《艾伦·图灵：不可思议的人》的作者。

> 第一阶段开始于美国内战，开发出了声学、光学和文字的新型存储技术：电影、留声机以及人造机器系统——打字机；第二阶段以第一次世界大战为开端，为每种存贮内容开发出了合适的电力传输技术：收音机、电视机以及它们更秘密的伙伴们；第三阶段自第二次世界大战开始，将打字机的原理应用到了具备自我预测能力的技术之中。图灵在1936年对计算能力的数学定义赋予了未来的计算机名字。(Kittler, 1999: 243)

结束所有战争的战争引发了终结所有媒介的媒介。“未被书写出的技术规范是一部战争的历史。”(Kittler, 1998b: 56)所有在战争中分散我们注意力的花哨的娱乐工具都不过是伪装起来的技术武器。不管是从航空和潜水艇定位技术中维系下来的高保真技术，还是利用曾对成功调度“难以置信的”德国**国防军**装甲车战术必不可少的VHF调频和信号复用的无线电台，“整个娱乐产业”——如果引用基特勒最著名也最臭名昭著的概述——“是，不管从哪个可能的角度看，都不过是一种军队设施的滥用”(Kittler, 1999: 96-97)。有时你只需要倾听，就能听到战争的真相。以滚石乐队(the Rolling Stones)的歌曲《怜悯魔鬼》(*Sympathy with the Devil*)
132 中的歌词为例：“我驾驶着坦克/戴着将军的勋章/闪电战打响/横尸遍野。”当基特勒让米克·贾格尔化身为现代闪电战的主要设计者之一、陆军上将古德里安时，话语分析的光荣时刻到来了。就像他用《流浪者之夜歌》来分析话语网络1800的初始母性场景中以母亲为中心的新型语言习得实践那样，基特勒将《怜悯魔鬼》解读为由战争所驱动的VHF无线电的发展。它促成了调度古德里安的装甲车战术，随后又促成了摇滚乐引导的机械化的"观光分工，它们在所谓的战后条件下演练或者模拟了闪电战"(Kittler，1999：108)。

虽然娱乐产业可能会努力掩盖它们的媒介在军事上的开端，这些媒介和战争混杂在一起，战争成为它们无法逃脱的阴影。当战士们在打最后一场仗的时候，媒介正在准备着下一场战争："VHF坦克收音机、升码器、磁带录音机、潜水艇定位技术、空中战争无线电波等等，已开启了对军事设备的一系列滥用，这让人的耳朵和反应速度可以适应第**N+1**次世界大战。从第一次世界大战中第一项对军事设备的滥用无线电开始，到第二次世界大战中的摇滚乐，再到下一场战争的另一种滥用。"(Kittler，1999：111)。不仅仅媒介和信息技术的历史是概括版的战争史，"未被书写出的技术规范是一部战争的历史"(Kittler，1998b：56)，而且由伪装成娱乐工具的武器系统强加于我们的感觉训练器(sensory drill)相当于一个正在运行的集体神经心理学意义上的海军训练营，目的在于训练我们适应下一个电子战的反应速度。这个附带也是非常重要的，因为相对快速战争而言，人类的行动太迟缓了：

> 就运动技能、感官知觉和智力上的敏锐度
> 而言,人类显然生来不适合发动高科技战争。
> 133 自从第一次世界大战以来,……速度与加速强
> 制创造出了特别的训练营,向迟钝的人类教授
> 新的知觉形式,并让他们适应人类-机器的协同
> 作用。这从发端于 1914 年的腕表,到今天的战
> 斗模拟器这里仍未结束。我们可以假定,在此
> 期间,当战争不再以实时的形态展开时,摇滚音
> 乐会和迪斯科构成了知觉的海军训练营,破坏了
> 感知的阈限。(Kittler, 1993a: 90)

你可以把媒介带出战争,却永远无法将战争带出媒介。“我们的迪斯科舞厅正在为青少年们预备一场反抗性的罢工。”(Kittler, 1999: 140)

的确,有无数的反对意见已经开始排起队准备进攻了。许多现代媒介技术的军事化起源毋庸置疑,但同时在一些情况下战争和/或军队有时会漠视甚至阻碍新媒介。电话,这个主要发端于民间的技术,有着明显的保障现代战场上通信的潜力,但是德国军队(基特勒宏大战争叙事中的主要角色之一)最初却拒绝采用这项技术,只因害怕它会腐蚀军队纪律(参见 Kaufmann, 1996: 189-219)。通过电话接收命令的下属们可能会不再通过敲击双脚后跟来表示服从(click their heels)。40 年后,楚泽提议使用他的早期电脑作为加密机器来替代号称无法被解密的谜团,该提议却被德国军队所轻视。如果**国防军**的行动能够更加符合基特勒对它的高度重视和期待,阿

兰·图灵和布莱切利园[1](Bletchley Park)就不太可能破译德国的密码了。

然而,问题远远不止事实上的错误。一开始就存在着明显的模糊不清,或者如果坚持使用军事隐喻的话,基特勒巧妙使用的一套障眼法让他巧妙避开了敌人的炮 134 火。第一,关于战争是否以积极的方式参与到现代媒介技术的生产或传播之中,基特勒的解释并不是非常清楚。一方面,基特勒声称“媒介是为了技术战争而发展出来的”(Kittler, 1993a: 102),因此战争是现代媒介“真正和事实上的历史先验”(Kittler, 2003a: 56);另一方面,基特勒对无线电技术的非军事起源提供了一个详尽的综述,却加了这样的话:“要实现从波尔森的电弧传输到雷本或者福德瑞斯特的管型技术和费生登实验过程的大批量生产的转换,就必须爆发一场史无前例的世界大战。”(Kittler, 1999: 95)作为回应,批评者提出了讽刺性的问题,即这是否意味着“没有一战的话,无线电技术可能会在不同大学的地下室内被尘封堆积”(Goldstrasz and Panthle, 2010)。更重要的是,“战争”这个词语的意义也会发生变化。偶尔,它在字面和世俗的层面上意味着军事上的对抗,但有时它还会有更多的言外之意。“与单纯的搏斗相对,战争很长时间以来都是一个涉及说服的事务。只有人们成功地让其他人为自己而死时,战争才存在”

[1] 布莱切利园,又称X电台,是一座位于英格兰米尔顿凯恩斯布莱切利镇内的宅第。在第二次世界大战期间,布莱切利园曾经是英国政府进行密码解读的主要地方,如恩尼格玛密码机等轴心国的密码与密码文件,一般都会送到那里进行解码。

(Kittler,1997：117)。简而言之,战争常常指的是被视为动员(mobilization)的东西。

动员消弭了战争与和平之间的界限,因为它在战争与和平之时都会发生;动员消弭了军队和平民之间的界限,因为它对军队和平民有着同样大的影响;动员消弭了物质硬件和心理软件之间的区分,因为它既要思考如何让后勤学、交通运输和技术最优化,又要思考如何增强精神上的准备以及整体上战备。然而,面对现代战争的加速和不可知性,究竟怎样的人才是准备最完善的(或者至少是有着准备的)?当看不见旗帜,也看不见下命令的权
135 威时,怎样的心灵能够做出快速的现场决策甚至制订新规则?什么东西曾被规划出来同自由意志一起战斗?这正是现代的**主体**。

在基特勒参编的阿兰·图灵作品德语版的编后记中,他引用了一位顶级的德国哲学家。基特勒通常会避开这位哲学家,而且其与他本人甚少有类似之处(不像黑格尔、尼采、海德格尔):这位哲学家就是伊曼努尔·康德。下面的引文来自《实用人类学》(*Anthropology from a Pragmatic Point of View*)试图展示的——对康德而言——知性(Verstand)、判断力(Urteilskraft)和理性(Vernunft)之间至关重要的区别:

> 仆人或者初级办事人员是奉命行事,因而他们需要的仅仅是知性(理解力);公务员为了完成任务必须遵守一般规则,但在具体情况下有自己做决定的权力,因此他需要判断力;将军

> 必须判断所有可能的情况，自己构想出一个规则，因此他必须具备理性。（Kant，转引自 Kittler，1987：223）

基特勒解读这个引文的方式正如同他解读弗洛伊德用电话对无意识进行的解释一样。他把上述康德的表述视为一个有用的参照物：将军们不仅仅是实验对象，他们更是实验对象的原型。作为知性的高级版本，康德的认识论中探讨的判断力是一个军事上的指挥系统，因为新形态的启蒙意识正是要将封建的和专制主义下不动脑筋机械行事的人转化为自主的行动者的尝试和努力的产物。我们的社会是一个再也不能提供统揽一切的规则和指导方针的去中心化的、功能分化的现代社会，在这个社会的卡夫卡式困境中，我们需要的心智能力恰好正是我们在去中心化的现代战场上执行军事任务时所需要的。现代主体是那些学会了自己思考的战士们。《话语网络 136
1800/1900》前半部分中详细呈现的全部关于读写能力、情感化和浪漫主义诠释学的叙述在军事的语调中得以改写。理性的历史归属于战争的历史。

最重要的是，现代主体是递归性反思的自主行动者这个事实——即他们能够通过改写最初的指令组对预料之外的状况作出反应——让他们被现代武器所取代。正如基特勒所愿，我们在哲学上被美化的自反性特征同样在**重要的机械主体**中存在。说句不客气的话，一个自主的人类和一个自导巡航导弹之间并没有什么太大区别。通过强调将单纯的机器转化为机械主体的关键特征是启用条件转移指令（conditional jump instructions）或如果—那么指令（IF/THEN-commands），基特勒以拉康式的陈述引入了这个对等关系。引用拉康时，基特勒坚持认为，一个精确地决定如何从头到尾实施行动的直接和机械的指令（在康德的说明中处于仆人或者士兵的层次），同一个让操作者在符合某些特定条件时能够在行动中做出改变（康德笔下公务员的层次）的程序之间的区别，等同于动物的代码和关乎人类主体性的语言之间的区别：

> 比如，冯·弗里希所研究的蜜蜂舞蹈“与语
> 言不一样，就是因为舞蹈信号和它所代表的现
> 实之间的联系是固定不变的”。尽管一只蜜蜂
> 可以控制另一只蜜蜂采蜜和捕食的飞行途径，
> 但这些信息并没有被第二只蜜蜂解码并传送出
> 137 去。与之相反，“‘语言的表达形式’……本身却
> 能定义主体性。用语言表达就是：‘你要去那
> 里，当你看见这个，你要往那边拐。’换句话说，
> 它借助他人的话语指涉自身。”换句话说就是：
> 蜜蜂是炮弹，而人类是巡航导弹。一方通过舞
> 蹈获取的是关于角度和距离的客观数据，而另
> 一方则得到了可以自由行动的指令。（Kittler，
> 1999：258-259）

主体的能动性（subjective agency）被构想为操作的自反性，转换到计算领域后，呈现为反馈命令的形态。这

让基特勒能够在人类操作者和作为机械主体的巡航导弹之间建立功能性的对等关系，并且声称后者已经取代了前者，因为后者能够以更高级的形态接收、处理和执行输入的信息。再一次，它指向的不是计算机作为虚拟的人类大脑，或者它们以数码手段明确地模仿人类的思考方式。事实上，这意味着它们优化了特定的信息处理模式，这种信息处理模式也被加诸于人类之上，但是随后却被误认为人类固有的品质。主体从战争中产生，却被更加有效率的机械主体所替代。

四、为什么是战争？从佩内明德[1]到品钦

战争在基特勒的作品中是一个如此核心且有争议性的问题，对基特勒全部作品中的明确立场进行主要评价的尝试需要花费不小的力气。那么，为什么战争如此重要呢？因为对 20 世纪八九十年代更加偏好军事（more martially inclined）的基特勒而言，战争是发动机（motor）、模型（model）和动机（motive）。

战争驱动着媒介历史，这样的观念与其说缺乏确凿
的历史证据，不如说与基特勒在对福柯理论的更新中所 *138*
涉及的一个根本困境有关。简单地说，基特勒将福柯的几个话语运动建立在媒介技术转变的基础之上。比如，模拟媒介的到来结束了福柯意义上的“现代”时期（对应

---

① 佩内明德，第二次世界大战时期纳粹德国的火箭导弹试验基地，曾因研制了被希特勒称为“神奇武器”的 V1 和 V2 导弹而轰动一时。

着基特勒的话语网络 1800)。基本的信息就是媒介发生了改变,从而导致知识型发生改变。但这在很大程度上算不上一个答案,因为它回避显而易见的问题:为什么媒介会发生改变?考虑到基特勒不愿将任何技术革新归因于社会经济因素,战争(在基特勒的世界里算不上是社会活动)提供了一个方便的答案:军事上的紧急状况导致媒介转变。第二次世界大战——更确切地说是破解被拦截的德方信息的需要——是驱动计算机发展的发动机,由此开启了从模拟化的话语网络 1900 到数字时代的转变。总而言之,战争是关于为什么媒介和话语体制(discursive regimes)发生变化的解释要素与根本原因。

然而,事情再一次变得模糊起来。让我们看一看下面摘自《光学媒介》导言部分的颇具启发性的段落:

> 如果从历史的广度中去分析一个媒介子系统的发展……,这样的……疑虑就会产生,即技术创新——跟随着军事扩张的示范——仅仅会互相参考和互相回应,而这个进展完全独立于个人甚至人类群体的专利开发的最终归宿,是在总体上对感觉和器官的压倒性影响。(kittler, 2010: 30)

请留意在这段话里"军事扩张"是怎样成为一个示范的。塑造和改造社会的媒介动力学(intermedial dynamics)
139 不是被战争驱动的,它们简直就**像**是战争。这又是一个展示基特勒作品的好战一面的重合的例子。有时候战争是媒介变革之后“真正和事实上的”行动者，而有时候战争仅仅是一个示范或者隐喻。战争既是解释要素也是例证，它解释媒介历史的变革，并提供了一个挑衅的隐喻——这个隐喻直接对准的靶子是所有将人类的进步、启蒙、沟通与和解置于根本上具有对抗性的人类与机器、机器与机器互动作用之上的社会理论。

然而，我们还需要提出一个警告：当你接受这样的预设（即技术演化从一个特定的时刻开始与人类演化相分离，因为技术正在不需要人类中介者参与的情况下计划和生产着它们的下一代），从发动机到模型再从模型到发动机的不断转换在某些方面便不再是那么恼人的模糊不清。如果技术在它最广泛的意义上（比如包括符号系统、文化技艺和实践）是历史，那么自主性技术变革的内在动力则为所有受其影响的次级社会动力提供了驱力和形态。这在很大程度上就像黑格尔的哲学认为矛盾是历史的核心，因为正在进行的分裂和斗争对于绝对精神（Absolute Spirit）迈向自我实现的道路至关重要一样，基特勒的分析通过把技术进步建立在恒久的比赛和竞争的基础上，将战争与进步结合在一起。在这里，研习媒介理论的学者将会再一次发现基特勒和伊尼斯的类似点：很明显，同伊尼斯关于莎草纸的统治如何塑造了它自身被羊皮纸取代的条件以及羊皮纸又是怎样被纸取代的分析类似，基特勒受战争影响[①]的分析讲述了机械信号如何胜过马背上的信使，机械信号导致了电缆的产生又被后者取代，

① war-inflected 似为作者笔误，应为 war-infected。

140 电缆如何被无线技术取代，而无线技术又如何催生了数字破译技术的产生（参见 Kittler，2003a：262）。在两个情况下，媒介和传播技术以战略升级方式演化，尽管基特勒试图通过把这个斗争与真正的军事斗争联系起来而将它具体化。有时候基特勒读起来就像穿着战斗服装的伊尼斯。

最后，我们需要讨论关于动机的难以把握——且超出理论之外——的问题。正如在本书第一章中曾指出的那样，基特勒身处于这样的一个环境里，其中“二战”怪异地既显现又被压制。这样不可思议的处境在基特勒孩提时代前往波罗的海（靠近“二战”时期设在佩内明德的军事试验场）的旅行中体现得格外明显：

> 在我很小的时候，我母亲经常带我去位于东德的一个“二战”时期开发希特勒 V2 导弹的旧址。但最让我着迷的是，这些旧址和导弹构成了没有人会说的历史真相。然而，战争的遗迹……无处不在。因此，我不得不对这部分被遮蔽的历史作出我自己的解释。但是这会很难，因为在“东德”几乎禁止讨论军事工业设施，甚至禁止在一般意义上谈论战争中德国一方的情况，尤其是任何涉及战争技术方面的问题。（Armitage，2006：25-26）

基特勒表示，他在阅读《万有引力之虹》后才意识到佩内明德的重要性，这本书对他的影响就像“一个正面的冲击波”,“揭开了罩在我眼前的关于自己儿时与 V2 导弹相遇之经历的黑色面纱”(Armitage, 2006: 26)。对基特勒而言,品钦的小说提供了一个关于战争的视角,这个视角明显是无法在伴随他长大的历史书籍和政治权威意见中找到的: 141

> 这次战争从来也根本就不是政治的,政治都是演戏,都不过是为了转移人们的注意力……私下里,它却受到技术需要的操纵……受到人类和技术之间的阴谋支配,受到需要战争能量爆发的东西支配,大声呼唤着“去他妈的钱吧,(嵌入国家名)的生命危在旦夕”,而真实的意思却最可能是:黎明就要到来了,我需要夜晚的血液,需要资金,资金,啊,再多一点,再多一点……真正的冲突是分配和优先权的冲突,不是公司之间的——那不过是做样子而已——而是不同技术之间的,塑料、电子、飞机制造,他们的需要只有拥有控制权的精英才能理解。(Pynchon, 1987: 521)

这个第二次世界大战与政治和意识形态没有什么关系,它与要解放欧洲的所谓优等民族的生存空间问题无关。不管在品钦的小说中那些人类角色做什么或者想什么,他们都不过是一个迥然不同的、超越人类尺度的故事中的附属品而已。有了品钦的小说作为支持,基特勒就可以将第二次世界大战描述为 20 世纪最重要的浪漫故事的一个重要片段，以及德国导弹与英美计算机技术之间的大规模联结(参见 Kittler,1997：101-116)。历史把(当下)化身为充分武装的、自我导引的密涅瓦的猫头鹰，它在佩内明德、布莱切利园，最后在洛斯阿拉莫斯[①]降落。这解释了基特勒混淆 Z4 和 A4 导弹的错误背后的如意算盘(wishful thinking)：如果楚泽的早期计算机曾被用来编写韦纳·冯·布劳恩(Wernher von Braun)的 V2 导弹设计程式的话，重大的技术整合就会——至少在开始时——完全是德国的事了。

142 于是，在很长的一段时间里，推动基特勒工作的主要动机之一就是想要弄清他所认为的现代战争(尤其是"二战")的真正意义——为了他自己，为了德国，也为了我们全球的技术现实。这同另一位基特勒推崇的极具争议性的作家恩斯特·云格尔[②](Ernst Jünger)有相当多的类似之处，云格尔的文章《总动员》(Total Mobilization, Jünger, 1992)、《论痛苦》(On Pain,Jünger, 2008)以及还未翻译成英语的《劳动者》(Der Arbeiter)都同样试图探讨第一次世界大战在技术维度的影响，而不是依循着通常的政治和意识形态层面的解释。通过回避政治和意识形态解释，基特勒和云格尔最后都进入了偶尔带有一丝神秘色彩的技术超级进化(technological super-evolution)构成的纯粹领域(rarefied realm)。然而，这里

---

① 洛斯阿拉莫斯，"二战"后期闻名世界的美国原子武器研究基地所在地。1945 年在这里研制出了世界上第一颗原子弹。

② 恩斯特·云格尔(1895—1998)，德国小说家。早年为军国主义者，20 世纪 20 年代末期成为和平主义者。1982 年歌德奖获得者。

提到的——至少在20世纪20年代——极端左翼的云格尔以及他在论战中对传统人文主义的轻视指向了基特勒有争议的立场：在基特勒的战争中没有希特勒，没有侵略战争，没有最终解决方案，没有军事征服和种族灭绝行动的合谋，因此也没有罪行和责任的问题。就像福柯和拉康等法国理论家让基特勒能够在讨论海德格尔为不合时宜的时代以更新和迂回的方式讨论海德格尔一样，这本美国小说也让基特勒得以集中讨论第二次世界大战关键的技术—军事特征，同时回避他所认为的"奥斯威辛假设的(Auschwitz-theoretical)"(Kittler and Banz，1996：9)面向。这是否会获得品钦的认同是充满疑问的。颇为讽刺的是，品钦的小说《V》与《万有引力之虹》通过在纳粹大屠杀和1904年德国军队对赫雷罗人[①]的屠杀和灭绝之间建立关联，为增强人们对德国历史中种族灭绝面向的意识作出了自己的贡献。

关于楚泽的错误：基特勒未曾说明的东西，是那个发生在纳粹党卫军建立的最野蛮和残忍的集中营之一——米特尔堡—朵拉的集中营里的将全体德国人联结起来的东西(all-German link-up)。 143

五、最后的检查清单：基特勒效应

是否存在一个"基特勒学派"？的确存在，但它并不值得一提。就像对海德格尔的复制可以被忽略一样，那

① 赫雷罗人，西南非洲民族。主要居住在纳米比亚北部和安哥拉南部。

些选择像基特勒一样思考和写作的人注定会不断地重复着他。然而,有相当数量的德国媒介学者和文化学者的学术论著受到基特勒的影响,虽然他们已经超越了(有时是反对)基特勒,凭借自身的智识生产出了出色的成果。这并没有把他们变成"基特勒式的"学者(尽管基特勒自己是一个福柯式的学者),不过可以这么说,与基特勒的邂逅对这些学者的重要性和与福柯的邂逅对基特勒本人的重要性不相上下。评估从基特勒那里得到多少收获无论如何都是一项艰苦的任务。要站在一个总是喜欢把东西甩下来的巨人的肩膀上并不是一件容易的事情。

更可靠的方式是讨论"基特勒效应",用尽可能简单的术语表示,意思就是,基特勒已经设定了某些基准,无论人们多么不同意其论述的具体细节,这些基准都难以被忽略。最终的结果并非是引入许多先前不存在的全新东西,而是使原先存在的东西迅速陈旧化。在基特勒之后,很多东西看上去都过时了。我们很难总结他的——有时非常模糊的——学术成果,即便把总结的对象限制为对媒介和传播专业的学者特别重要的那些成果也是如此,但是归根到底可以归结为以下三点:

1. 即便有着事实上的不准确和方法论上的前后不一
144 致,基特勒还是为我们提供了能够对抗北美传播研究中尤其普遍的现时论(presentism)和均变说(uniformitarianism)的最有效的一种解毒剂。从根本上讲,基特勒是一位激进的历史思想家。话语网络的概念不仅仅受惠于海德格尔和福柯,它还是19世纪德国历史相对论的激进化版本。基特勒以过去未曾有过的方式,把关于根本性断裂的理念引入媒介研究之中。尽管有时基特勒可能会表现得太过火，但他的激进主义还是可以作为一个保护措施，让我们可以抵御在这个学科内太过普遍的天真的临时推论(naive temporal extrapolations)。第二个面向是绝对的冒险领域。自伊尼斯以来，还没有过在如此大的历史规模上展示媒介和传播之结构的学术尝试——这个拓展特别要推荐给那些痴迷于现代性及其后果的国家。

2. 如果抛开基特勒与后结构主义的复杂关联以及最后对后结构主义的贬低(以及抛开这个词语的正确性)，当谈及从拉康到维利里奥的“法国理论”时，或者越来越多地聚焦于媒介技术问题时，基特勒的作品确立了一个基准。通过把所谓的后结构主义理论(不管是否受到海德格尔的启发)引入媒介研究，基特勒在移除技术讨论中存在已久的天真观念方面起到了重要作用。通过把见多识广的媒介技术视角带入法国理论(及其德国先驱)之中，基特勒把拉康、福柯以及德里达等思想家置于技术现实(technological realities)之中，这些思想家自己有时只能够在隐喻和传闻的层面上思考。“法国理论”(这个表述本来就是美国人发明的)很可能永远不会是同一的，起码它将不再仅仅是法国的。

3.如果抛开基特勒同伊尼斯和麦克卢汉的显著区别，在他们之间构建某种接近性是有意义的，尤其是考虑到 *145*
影响他们作品的不同国家关于媒介的话语时更是如此(另可参见 Winthrop-Young, 2006a, 2008)。“麦克卢汉们”可能会厌恶自视高人一等的暗示(patronizing implications)，但在一些被麦克卢汉未经检验的夸夸其谈所损害的问题上，基特勒确实对重建某种博学多闻的名望起到了关键作用。尤其是我们很难忽视这样的事实，即，基特勒的论著为关于媒介决定论的讨论（包括关于基特勒本人是否也属于媒介决定论范畴的讨论）提供了一个经过修正的框架。对正在进行的关于后人文主义的讨论而言，基特勒的反人本主义可能会是在人类—机器共同演化的问题上最重要的学术贡献之一。

约翰·彼得斯，这位在北美大陆上极少数对基特勒作品有全面了解的媒介理论家之一，用了一段有趣的颂词，为他对基特勒的《光学媒介》翻译版的引介进行了总结：

> 归根到底，基特勒身上我最喜欢的东西是他对智慧的绝对热爱，以及他致力于将欣喜若狂的状态作为一种通向更高智慧的途径。同我们所有人一样，基特勒可能是盲目的，但是同我们绝大多数人不同，基特勒也可能是绝对光彩耀眼的。（Peters，2010：16）

就像潜伏在称赞声背后的威廉·布莱克[①]（William

① 威廉·布莱克（1757—1827），英国浪漫主义诗人、版画家，主要诗作有诗集《纯真之歌》《经验之歌》等。早期作品简洁明快，中后期作品趋向玄妙深沉，充满神秘色彩。他一生中与妻子相依为命，以绘画和雕版的酬劳过着简单平静的创作生活。后来诗人叶芝等人重编了他的诗集，人们才惊讶于他的虔诚与深刻。接着是他的书信和笔记的陆续发表，他伟大的画作也逐渐被世人所认知，于是他作为诗人与画家在艺术界的崇高地位从此确立无疑。

Blake)一样,基特勒是一个古怪的——一些人可能会认为是异常古怪的——人物(布莱克的仰慕者有很多,但是效仿者则寥寥无几)。但是,如果既往的激进分子——尤其是那些有着迷人的复古式新潮特点的人们——可以提供给我们一些线索,基特勒将会遭受传统反抗者面临的惯常残酷命运:整合(integration)。最初不肯向学术主流妥协的另类事物会以简单调整的形态被主流吸纳。"媒介决定着我们的境况"这个战斗口号沦为了一个心照不宣的协议,即学者们漠视媒介形式数十年后,应该留一些 146
注意力给媒介形式。基特勒写作的关于 18 世纪晚期变化的语言习得实践的内容,将会作为未来关于资产阶级亲密性(bourgeois intimacy)起源之历史的一个脚注留存下来。公务员国家的话语分析将会被确认为关于一个著名叙事的精彩注释,在这个叙事中,德国文学和哲学产生于高雅的学者和公务员群体,而非强大的企业家阶级。夸大和挑衅的表述将会被缓和处理,并被慎重的妥协所吸纳。不过一旦后者开始腐坏堕落,再次挑衅的时机又会成熟。基特勒将会是作出这种表述的人。

拓展阅读

以下信息可能对那些对基特勒有兴趣却对其毫无了解或了解甚少(以及对德语也毫无了解或了解甚少)的读者有所帮助。几乎所有的推荐文本都是用英语写作的。

一、基特勒主要的英语著作

基特勒目前用英语出版了三本著作(Kittler, 1990, 1999, 2010)和一本论文集(Kittler, 1997)。最容易理解的著作是关于《光学媒介》(*Optical Media*, Kittler, 2010)的讲座。书中关于"理论预设"(Kittler, 2010: 29-46)的部分是基特勒自己写作的关于其基本方法论与理论前提的最明确的解释。就像标题表明的那样,这个文本仅仅讨论了光学媒介。然而基特勒最具理论洞见的地方在于他对声音媒介的分析,对声音媒介《留声机 电影 打字机》(*Gramophone, Film, Typewriter*)的"留声机"部分(Kittler, 1999: 21-114)有着最简明扼要的讨论。有兴趣了解基特勒关于数字技术的论述的读者,不妨阅读《文学 媒介 信息系统》(*Literature*

148 *Media Information Systems*)，这本约翰·庄斯顿(John Johnston)编撰的出色的论文集里收录了令人兴奋的关于硬件和软件的论文《没有软件存在》(There is No Software, Kittler, 1997: 147-155[①]) 以及《保护模式》(Protected Mode,Kittler, 1997: 156-168)。这本论文集还收录了著名的论文《德古拉》(Dracula,Kittler,1997: 50-84)，不过我们要预先提醒读者的是，这里必须要费力地阅读一些意义含糊的、与拉康有关的题外话。《话语网络1800/1900》(*Discourse Networks 1800/1900*，Kittler, 1990)，这本"该死的学术书"(Kittler and Weinberger, 2009: 94)，不太适合意志力不坚定的读者，尤其是该书中关于话语网络1800的第一部分，更是要求读者对所谓歌德时代的德国文学和德国哲学达到一定的熟悉程度。

除了以上一些书和论文集之外，基特勒还发布了一些(英语)论文，其中有三篇格外重要:《对色彩和/或机器的思考》(Thinking Colours and/or Machines, Kittler, 2006c)、《走向媒介本体论》(Towards an Ontology of Media,Kittler, 2009)以及《传播媒介的历史》(History of Communication Media，网络文献，网址：http://www.ctheory.net/articles.aspx? id=45)。这三篇文章都是历史层面的概述:前两篇文章聚焦于哲学和媒介(性)之间不稳定的关系，最后一篇文章里，基特勒就传播和存储媒介的整体演化提供了一个概述。

---

① 原文页码147-168有误。

二、关于基特勒的介绍与综述

基特勒著作的英语翻译版本都配有导读文字（Johnston，1997；Peters，2010；Wellbery，1990；Winthrop-Young and Wutz，1999），这些文字都值得在翻阅基特勒的书时或之前进行阅读。大卫·威尔伯里（David Wellbery）在《话语网络1800/1900》中写的导语（Kittler，1990：vii-xxxiii）有可能是关于基特勒的理论预设的信息量最大的一篇英语论文。这片论文旨在把基特勒放在北美的理论争论中来定位他，颇类似于约翰·庄斯顿对《文学 媒介 信息系统》所做的导言（Kittler，1997：2-26）。杰弗里·温思洛普-扬（Geoffrey Winthrop-Young）和迈克尔·伍兹（Michael Wutz）对《留声机 电影 打字机》所做的导言（Kittler，1999：xi-xxxvii）则倾向于将基特勒放在德国的语境中分析。如果想对基特勒进行快速概览的话，可以阅读《数字事件》（*Digital Matters*）关于基特勒的一章（Taylor and Harris，2005：66-86），也可以阅读《理论、文化和社会》（*Theory*，*Culture & Society*）基特勒特刊中的引介论文（Winthrop-Young and Gane，2006）。 149

三、关于基特勒的专业论文

探索基特勒某个方面研究的论文数量越来越多，其中下面5篇论文特别有意思。罗伯特·霍勒伯（Robert Holub）对基特勒的早期作品给出了一个格外具有批判性同时信息量巨大的分析(Holub，1992：97-107)；这个分析可以与大卫·威尔伯里对《话语网络 1800/1900》更正面和积极的解读放在一起阅读。西比尔·克莱默尔(Sybille Krämer)关于时间轴操控(time-axis manipulation)的论文对我们理解基特勒对模拟存储媒介的看法十分重要(Krämer，2006)。而克劳狄亚·布雷格的论文《众神、德国学者与古希腊的恩赐》(Gods，German Scholars and the Gift of Greece)对理解基特勒关于古希腊的著述的(国家的)和文化的语境十分重要(Breger，2006)。约翰·彼得斯(John Peters)的《奇异的共鸣》(*Strange Sympathies*，Peters，2008)对基特勒和美国传播学者詹姆斯·凯瑞(James Carey)做了饶有趣味的比较研究。杰弗里·温思洛普-扬的论文《黄色潜水艇里的训练与注意力分散》(Drill and Distraction in the Yellow Submarine，Winthrop-Young，2002)则提供了比本书更丰富的关于基特勒军事爱好的分析。

四、访谈与网络讲座

基特勒常常是个无所不谈的访谈对象。这在约翰·阿米蒂奇(John Armitage)对他名为《文化数学》(*Cultural Mathematics*，Armitage，2006)的访谈中可以一窥端倪，这则访谈非常有启示作用，偶尔也稍稍令人感到尴尬，因此在这里要强力推荐。相对而言，不那么令人尴尬但同样信息量满满的是 1996 年马修·格里菲思(Matthew Griffith)和苏珊娜·赫尔曼(Susanne Herrmann)对基特勒所作的访谈(Griffith and Herrmann, 1996)。关于古希腊和数字化的综合问题,可以参照学者对他和马克· 150
汉森(Mark Hansen)的联合访谈(Gane and Sale, 2007)。还有一些基特勒的讲座可以在网上看到,不过其中很多都是用德语的访谈。在瑞士的欧洲研究生院接受的访谈《艺术与技艺的关系》(*The Relation of Art and Techne*)是个例外(网址:http://www.egs.edu/faculty/friedrich-kittler/videos/the-relation-of-art-and-techne/)。

五、文献资源

在2002年以前,涵盖最广的关于基特勒著述的参考文献目录收录于基特勒60岁生日时出版的(德语)纪念文集之中(Berz, Bitsch, and Siegert, 2003:359-374)。学者们也可参阅其定期更新的网络参考文献目录(网址:http://hydra.humanities.uci. edu/kittler/kittlerpub.html)。

参考文献

Agar, J., 2001. *Turing and the Universal Machine: The Making of the Modern Computer*. Duxford: Icon Books.

Aly, G., 2008. *Unser Kampf*: 1968-*ein irritierter Blick zurück*. Frankfurt: Fischer.

Arata, S., 1990. The Occidental Tourist: Dracula and the Anxiety of Reverse Colonization. *Victorian Studies* 33: 621-645.

Armitage, J., 2006. From Discourse Networks to Cultural Mathematics: An Interview with Friedrich A. Kittler. *Theory, Culture & Society* 23(7-8): 17-38.

Assmann, A., and J. Assmann, 1990. Einleitung. In E. Havelock, *Schriftlichkeit: Das griechische Alphabet als kulturelle Revolution*. Weinheim: VCH, pp. 1-35.

Bambach, C., 2005. *Heidegger's Roots: Nietzsche, National Socialism and the Greeks*. Ithaca, NY: Cornell University Press.

Benjamin, W., 1969. *Illuminations: Essays and Reflections*. Ed. Hannah Arendt. New York: Schocken.

Benn, G., 1984. *Gesammelte Werke in der Fassung der*

Erstdrucke. Ed. B. Hillebrand. Frankfurt: Fischer.

Berz, P., A. Bitsch, and B. Siegert, eds, 2003. *FAKtisch. Festschrift für Friedrich Kittler*. Munich: Fink.

Bolz, N., 1990. *Theorie der neuen Medien*. Munich: Raben.

Boyle. N., 2008. *German Literature: A Very Short Introduction*. Oxford: Oxford University Press.

Breger, C., 2006. Gods, German Scholars and the Gift of Greece: Friedrich Kittler's Philhellenic Fantasies. *Theory, Culture & Society* 23(7-8): 111-134.

Burkert, W., 1992. *The Orientalizing Revolution: Near Eastern Influence on Greek Culture in the Early Archaic Age*. Cambridge, MA: Harvard University Press.

Butler, E. M., 1935. *The Tyranny of Greece over Germany: A Study of the Influence Exercised by Greek Art and Poetry over the Great German Writers of the Eighteenth, Nineteenth and Twentieth Centuries*. Cambridge: Cambridge University Press.

Carey, J., 1969. Harold Adams Innis and Marshall McLuhan. In R. Rosenthal, ed., *McLuhan: Pro & Con*. Baltimore, MD: Penguin, pp. 270-308.

Cunningham, M., 1997. Welcome to the Machine: The Story of Pink Floyd's Live Sound: PART 1, *Sound on Stage* 5 at: <www.pinkfloyd-co.com/band/inter-

views/art-rev/art-sos1. html > (accessed 1 June, 2010).

Cusset, F., 2008. *French Theory: How Foucault, Derrida, Deleuze, and Co. Transformed the Intellectual Life of the United States*. Trans. J. Fort. Minneapolis, MN: University of Minnesota Press.

Eliot. T. S., 2005. Tradition and the Individual Talent. In L. Rainey, ed., *Modernism: An Anthology*. Oxford: Blackwell, pp. 152-156.

Foucault, M., 1994. *The Order of Things: An Archaeology of the Human Sciences*. New York: Vintage.

Fraser, N., 1992. *The Uses and Abuses of French Discourse Theories for Feminist Politics*. In N. Fraser and S. L. Bartky, eds, *Revaluing French Feminism*. Bloomington, IN: Indiana University Press, pp. 177-193.

Freud, S., 1962. *The Standard Edition of the Complete Psychological Works of Sigmund Freud*. Ed. J. Strachey. London: Hogarth.

Gane, N., and S. Sale, 2007. Interview with Friedrich Kittler and Mark Hansen. *Theory, Culture and Society* 24(7-8), pp. 323-329.

Gelatt, R., 1977. *The Fabulous Phonograph, 1877—1977*. New York: Macmillan.

Goethe, J. W., 1978. *Werke: Hamburger Ausgabe in* 14 *Bänden*. Munich: Beck.

Goldstrasz, T., and Panthle, H. Computers During World War Two. Kittler's Theory of Misuse. Available at: <http:// waste.informatik.hu-berlin.de/Diplom/WW2/kittlertheory. html> (accessed March 1, 2010).

Griffith, M., and S. Herrmann, 1996. Technologies of Writing: Interview with Friedrich Kittler. *New Literary History* 27 (4): 731-742.

Hagen. W., 2008. Metaxy: Eine historiosemantische Fussnote zum Medienbegriff. In S. Münker and A. Roesler, eds, *Was ist ein Medium*? Frankfurt: Suhrkamp, pp. 13-29.

Hartmann, F., 1998. Vom Sündenfall der Software: Medientheorie mit Entlarvungsgestus: Friedrich Kittler. Available at: <http://www.heise.de/tp/r4/artikel/6/6345/1. html> (accessed May 20, 2010).

Havelock, E., 1978. The Alphabetization of Homer. In E. Havelock and J. Hershbell, eds, *Communication Arts in the Ancient World*. New York: Hastings House, pp. 3-21.

Hegel, G. W. F., 1977. *Phenomenology of Spirit*. Trans. A. V. Miller. Oxford: Oxford University Press.

Heidegger, M., 1992. *Parmenides*. Trans. A. Schuwer and R. Rojcewicz. Bloomington, IN: Indiana University Press.

Heine, H., 2006. *The Romantic School and Other Essays*. Ed. Robert Holub. New York: Continuum.

Heller, A., 2008. The Gods of Greece: Germans and the Greeks. *Thesis Eleven* 93: 52-63.

Hodges, A., 1983. *Alan Turing: The Enigma*. New York: Simon and Schuster.

Hoffmann, E. T. A., 1969. *Selected Writings*. Ed. and trans. L. J. Kent and E. C. Knight. Chicago, IL: University of Chicago Press.

Holub, R., 1992. *Crossing Borders: Reception Theory, Poststructuralism, Deconstruction*. Madison, WI: University of Wisconsin Press.

Homer, 1991. *The Iliad*. Trans. R. Fagles. New York: Viking.

Homer, 1996. *The Odyssey*. Trans. R. Fagles. New York: Viking.

Horkheimer, M., and T. Adorno, 1972. *Dialectic of Enlightenment*. New York: Herder and Herder.

Johnston, J., 1997. Friedrich Kittler: Media Theory after Poststructuralism. In F. Kittler (1997), pp. 2-26.

Jones, C., 1996. *Echoes: The Stories behind Every Pink Floyd Song*. London: Carlton.

Jünger, E., 1992. Total Mobilization. In R. Wolin, ed., *The Heidegger Controversy*. Cambridge, MA: MIT Press, pp. 119-129.

Jünger, E., 2008. *On Pain*. Trans. David. C. Durst. New York: Telus.

Kant. I., 1949. *The Philosophy of Kant: Immanuel Kant's Moral and Political Writings*. New York: Modern Library.

Kaufmann, S., 1996. *Kommunikationstechnik und Kriegsführung 1815—1945*. Munich: Fink.

Kittler, F., 1977. *Der Traum und die Rede: Eine Analyse der Kommunikationssituation Conrad Ferdinand Meyers*. Bern: Francke.

Kittler, F., 1980. Autorschaft und Liebe. In F. Kittler, ed., *Austreibung des Geistes aus den Geisteswissenschaften. Programme des Poststrukturalismus*. Paderborn: Sch.ningh, pp. 142-173.

Kittler, F., 1982. England 1975-Pink Floyd, Brain Damage. In K. Lindemann, ed., *Europalyrik 1775-heute. Gedichte und Interpretationen*. Paderborn: Schöningh, pp. 467-477.

Kittler. F., 1985. Ein Verwaiser. In Gesa Dane et al., eds, *Anschlüsse: Versuche nach Michel Foucault*. Tübingen: Edition Diskord, pp. 141-146.

Kittler, F. 1987. Nachwort. In A. M. Turing, *Intelligence Service: Schriften*. Berlin: Brinkmann und Bose, pp. 211-233.

Kittler, F., 1990. *Discourse Networks 1800/1900*. Trans. M. Metteer and C. Cullens. Intro. D. Wellbery.

Stanford, CA: Stanford University Press.

Kittler, F., 1991. *Dichter Mutter Kind*. Munich: Fink.

Kittler, F., 1993a. Synergie von Mensch und Maschine. In F. Rötzer and S. Rogenhofer, eds, *Kunst machen? Gespräche über die Produktion von Bildern*. Munich: Boer, pp. 83-102.

Kittler, F., 1993b. Geschichte der Kommunikationsmedien. In J. Huber at al., eds, *Raum und Verfahren*. Basel and Frankfurt: Stroemfeld/Roter Stern, pp. 169-188.

Kittler, F., 1994. World-Breath. On Wagner's Media Technology. In D. Levine, ed., *Opera through Other Eyes*. Stanford, CA: Stanford California Press, pp. 215-235.

Kittler, F., 1997. *Literature Media Information Systems*. Ed. John Johnston. Amsterdam: OAP.

Kittler, F., 1998a. On the Take-Off of Operators. In T. Lenoir, ed., *Inscribing Science: Scientific Texts and the Materiality of Communication*. Stanford, CA: Stanford University Press, pp. 70-77.

Kittler, F., 1998b. Gleichschaltungen: Über Normen und Standards der elektronischen Kommunikation. In M. Faßler and W. Halbach, eds, *Geschichte der Medien*. Munich: UTB, pp. 255-267.

Kittler, F., 1999. *Gramophone, Film, Typewriter*. Trans. and intro. G. Winthrop-Young and M. Wutz.

Stanford, CA: Stanford University Press.

Kittler, F., 2000. *Eine Kulturgeschichte der Kulturwissenschaften*. Munich: Fink.

Kittler, F., 2003a. *Short Cuts*. Frankfurt: Zweitausendseins.

Kittler, F., 2003b. Pynchon und die Elektromystik. In B. Siegert and M. Krajewski, eds, *Thomas Pynchon: Archive-Geschichte-Verschwörung*. Weimar: VdG, pp. 123-136.

Kittler, F., 2003c. Heidegger und die Medien-und Technikgeschichte. In D. Thom., ed., *Heidegger Handbuch. Leben-Werk-Wirkung*. Stuttgart: Metzler, pp. 500-504.

Kittler, F., 2004. *Unsterbliche: Nachrufe, Erinnerungen, Gespräche*. Munich: Fink.

Kittler, F., 2005. *Musen, Nymphen und Sirenen* (audio CD): Supposé.

Kittler, F., 2006a. *Musik und Mathematik I. Hellas* 1: *Aphrodite*. Munich: Fink.

Kittler, F., 2006b. Number and Numeral. *Theory, Culture & Society* 23(7-8): 51-61.

Kittler, F., 2006c. Thinking Colours and/or Machines. *Theory, Culture & Society* 23(7-8): 39-50.

Kittler, F., 2009. Towards an Ontology of Media. *Theory, Culture & Society* 26(2-3): pp. 23-31.

Kittler, F., 2010. *Optical Media: Berlin Lectures*

1999. Trans. A. Enns. Cambridge: Polity.

Kittler, F., and S. Banz, 1996. *Platz der Luftbrücke: Ein Gespräch*. Berlin: Oktagon.

Kittler, F., and R. Maresch, 1994. Wenn die Freiheit wirklich existiert, dann soll sie doch ausbrechen. In R. Maresch, ed., *Am Ende vorbei*. Vienna: Turia & Kant, pp. 95-129.

Kittler, F., and C. Vismann, 2001. *Vom Griechenland*. Berlin: Merve.

Kittler, F., and C. Weinberger, 2009. Das kalte Modell von Struktur. *Zeitschrift für Medienwissenschaft* 1, pp. 93-102.

Krämer, S., 2006. The Cultural Techniques of Time Axis Manipulation: On Friedrich Kittler's Conception of Media. *Theory, Culture & Society* 23 (7-8): 93-109.

Kloock, D., and A. Spahr, 1997. *Medientheorien: Eine Einführung*. Munich: Fink.

Kroker, A., 1984. *Innis/McLuhan/Grant: Technology and the Canadian Mind*. Montreal: New World Perspectives.

Lotringer, S., and S. Cohen, eds, 2001. *French Theory in America*. New York: Routledge.

McLuhan, M., 1964. *Understanding Media: The Extensions of Man*. New York: McGraw-Hill.

Marx, K., and F. Engels, 1975. *Selected Correspon-*

dence. Moscow: Progress Publishers.

Nietzsche, F., 2002. *The Antichrist and Fragments of a Shattering Mind*. Creation Books (available at: < www. creationbooks.com>).

Olson, D., 1994. *The World on Paper: The Conceptual and Cognitive Implications of Writing and Reading*. Cambridge: Cambridge University Press.

Peters, J. D., 1999. *Speaking into the Air: A History of the Idea of Communication*. Chicago, IL: University of Chicago Press.

Peters, J. D., 2008. Strange Sympathies: Horizons of German and American Media Theory. In F. Kelleter and D. Stein, eds, *American Studies as Media Studies*. Heidelberg: Winter, pp. 3-23.

Peters, J. D., 2010. Introduction: Friedrich Kittler's Light Shows. In F. Kittler (2010), pp. 1-17.

Philostratus, 2005. *Life of Apollonius of Tyana*. Ed. and trans. C. P. Jones. Cambridge, MA: Harvard University Press.

Powell. B., 1991. *Homer and the Origin of the Greek Alphabet*. Cambridge: Cambridge University Press.

Powell, L. 2008. Musik und Mathematik. Friedrich Kittlers gegenkulturelles Griechenland. *Musik und Ästhetik* 48: 94-100.

Pucci, P., 1998. *The Song of the Sirens: Essays on Homer*. Lanham, MD: Rowman & Little field.

Pynchon, T., 1987. *Gravity's Rainbow*. New York: Viking.

de Saussure, F., 1960. *Course in General Linguistics*. Ed. C. Bally and A. Sechehaye. London: Peter Owen.

Siegert, B., 1999. *Relays: Literature as an Epoch of the Postal System*. Trans. K. Repp. Stanford, CA: Stanford University Press.

Sophocles, 1984. *The Three Theban Plays: Antigone, Oedipus the King, Oedipus at Colonus*. Trans. R. Fagles. Harmondsworth: Penguin.

Staiger, E., 1991. *Basic Concepts of Poetics*. University Park, PA: Pennsylvania State University Press.

Stoker, B., 1975. *The Annotated Dracula*. Ed. L. Wolf. New York: Ballantine.

Taylor, P. A., and J. L. Harris, 2005. *Digital Matters: Theory and Culture of the Matrix*. London and New York: Routledge.

Vismann, C., 2008. *Files: Law and Media Technology*. Trans. G. Winthrop-Young. Stanford, CA: Stanford University Press.

Wade-Gery, H, T., 1952. *The Poet of the Iliad*. Cambridge: Cambridge University Press.

Wellbery, D., 1990. Foreword. In F. Kittler (1990), pp. vii-xxxiii.

Whitehead, A. N., 1978. *Process and Reality: An Essay in Cosmology*. New York: Free Press.

Winthrop-Young, G., 1994. Undead Networks: Information Processing and Media Boundary Conflicts in *Dracula*. In D. Bruce and A. Purdy, eds, *Literature and Science*. Amsterdam and Atlanta, GA: Rodopi, pp. 107-129.

Winthrop-Young, G. 2000. Silicon Sociology, or, Two Kings on Hegel's Throne? Kittler, Luhmann and the Posthuman Merger of German Media Theory. *Yale Journal of Criticism* 13(2): 391-420.

Winthrop-Young, G. 2002. Drill and Distraction in the Yellow Submarine: The Dominance of War in Friedrich Kittler's Media Theory. *Critical Inquiry* 28(4): 825-854.

Winthrop-Young, G., 2005. *Friedrich Kittler zur Einführung*. Hamburg: Junius.

Winthrop-Young, G., 2006a. Cultural Studies and German Media Theory. In G. Hall and C. Birchall, eds, *New Cultural Studies: Adventures in Theory*. Edinburgh: Edinburgh University Press, pp. 88-104.

Winthrop-Young, G. 2006b. Implosion and Intoxication: Kittler, a German Classic, and Pink Floyd. *Theory, Culture & Society* 23(7-8): 75-91.

Winthrop-Young, G., 2008. Von gelobten und verfluchten Medienländern: Kanadischer Gesprä-chsvorschlag zu einem deutschen Theoriephänomen. *Zeitschrift für Kulturwissenschaften* 2: 113-128.

Winthrop-Young, G., and N. Gane. 2006. Friedrich Kittler: An Introduction. *Theory, Culture & Society* 23 (7-8): 5-16.

Winthrop-Young, G., and M. Wutz, 1999. Friedrich Kittler and German Media Discourse Analysis. In Kittler (1999), pp. xi-xxxvii.

Wutz, M., 2009. *Enduring Words: Literary Narrative in a Changing Media Ecology*. Tuscaloosa, AL: University of Alabama Press.

Zuse, K., 1993. *The Computer-My Life*. Berlin: Springer.

索　引

（索引页码均为英文原著页码，即本书边码）

A

Adorno, Theodor　西奥多·阿多诺，25

Dialectic of Enlightenment　《启蒙辩证法》，84-85, 96-97

algorithms　算法，118, 125

alpha-numerical system, Greek　希腊字母数字系统，3, 95, 103, 107, 115

alphabet, Greek vowel　希腊元音字母表，88-95, 97-98, 102, 103, 107-108, 113, 115

Aly, Götz　格茨·阿利，26

American Civil War　美国南北战争，131

analog media　模拟媒介，3, 35, 59, 60, 63, 64, 81, 138

anti-humanism　反人文主义，5, 38, 65, 120, 145

Aphrodite　阿弗洛狄忒，99-100

Aquinas, Thomas　托马斯·阿奎那，114

Aristotle　亚里士多德，8, 112, 113-115

Peri Psyches　《论灵魂》，114

Armitage, John　约翰·阿米蒂奇,23
Arnheim, Rudolf　鲁道夫·阿恩海姆,59-60
art　艺术,6, 64
Assmann, Jan　扬·阿斯曼,90, 91
Azimuth Coordinator　方位协调器,54-55

B

Barrett, Syd　西德·巴勒特,25, 55, 56
Barthes, Roland　罗兰·巴特,19
being　存在
ancient Greece and meaning of　古希腊和存在的意义,110-118
history of　存在的历史,36, 72, 88, 115
Benjamin, Walter　瓦尔特·本雅明
The Work of Art in the Age of Mechanical Reproduction　《机械复制时代的艺术作品》,64
Benn, Gottfried　戈特弗里德·贝恩,6
Berlin　柏林,14, 26
Bernard, Claude　克劳德·伯纳德,61
biologism　生物主义,128
Blake, William　威廉·布莱克,145
Bloch, Joseph　约瑟夫·布洛赫,123
Bochum University　波鸿鲁尔大学,16
Breger, Claudia　克劳狄亚·布雷格,105, 106-107, 118
"Brian Damage" see Pink Floyd　《大脑损伤》,参见

"平克·弗洛伊德"条目

Burkert, Walter 瓦尔特·伯克特,102-103

Butler, Judith 朱迪斯·巴特勒,128

C

Cadmus 卡德摩斯,97-98

Carey, James 詹姆斯·凯瑞,122

Carlyle, Thomas 托马斯·卡莱尔,26

child-rearing practices 儿童养育实践,31, 32

Clarke, Arthur C. 亚瑟·C·克拉克,69

computers 计算机,75-77, 79, 80, 137

debunking of software by Kittler 基特勒对软件的揭露,75-78

and Greek alphabet 以及对希腊字母表的揭露, 92, 107-108

Crichton, Michael 迈克尔·克莱顿,63

cultural continuity 文化连续性,38

cultural techniques 文化技艺,3, 4, 40

Greek 希腊,3, 5, 82-119

cultural upheavals (1960s) 文化动荡(20 世纪 60 年代),13, 25, 26

culture 文化,5, 40, 44, 66

and nature 以及自然,4, 62, 63

D

deconstruction 解构,18-19

Democritus　德谟克利特斯,114

Derrida, Jacques　雅克·德里达,13, 15, 18, 19, 21, 56, 144

digital technology　数字技术,3, 63, 73-80, 109, 117

discontinuity　断裂,36, 61-62, 71, 144

discourse analysis　话语分析,3, 5, 28-51, 58, 59, 81, 132, 146

Foucauldian　福柯式,81, 117

Discourse Network 1800　话语网络,1800,11, 35, 40, 43, 45-46, 49, 50, 51, 58, 60, 61-62, 64, 81, 121, 123, 127

Discourse Network 1900　话语网络,1900,11, 58-65, 69, 70, 71, 126

discourse networks　话语网络,35, 39-40, 71, 144

Discourse Networks(Kittler)　《话语网络》(基特勒著),32, 40, 52, 60, 73, 105, 126, 127

Doors, The　大门乐队,52

Dracula see Stoker, Bram　《德古拉》,参见"布莱姆·斯托克"条目

Dresden　德累斯顿,9

E

East Germany (GDR)　东德(德意志民主共和国),10

Edison　爱迪生,60, 62, 67, 90, 92

Edison-Bell Company　爱迪生—贝尔公司,67

Egyptians, ancient 古埃及人,91
Eliot, T. S. 托马斯·斯特尔那斯·艾略特,6
Engels, Friedrich 弗里德里希·恩格斯,123, 124
Enigma 迷,133
Epic of Gilgamesh 《吉尔伽美什史诗》,90
epistemes 知识型,35, 36, 37, 58, 64, 138
Euripides 欧里庇得斯,110

F

Fichte 费希特,48
First World War see World War I 第一次世界大战,参见“一战”条目
form and matter 形式与物质,113-114
Foucault, Michel 米歇尔·福柯,2, 13, 15, 21, 23, 35, 36-37, 38-39, 58-59, 81, 106-107, 117, 138, 144
  The Order of Things 《词与物》,35, 80-81
Frank, Manfred 曼弗雷德·弗兰克(德国哲学家)
  What is Neo-Structuralism 《什么是新结构主义》,20
Frankfurt School 法兰克福学派,24, 110
Fraser, Nancy 南茜·弗雷泽,127-128
Freiburg 弗莱堡,117-118
Freiburg University 弗莱堡大学,13-14
reception of poststructuralism 对后结构主义的接受,14-16

French theory 法国理论,16-17, 17, 19, 20-21, 126, 144

Freud, Sigmund 西格蒙德·弗洛伊德,20, 24, 25, 31, 48, 67, 68

G

gender 性别,127-128;另可参见"女性"条目 see also women

German literature 德国文学,47-48, 49, 50

Germany 德国

and ancient Greece 和古希腊,104-105, 110-111

middle class 中产阶级,49

parsonage 牧师住所,47, 78

reception of poststructuralism 对后结构主义的接收,17, 18-22

Gilmour, David 戴维·吉尔默

"Fat Old Sun" 《胖胖的老太阳》,55

Goethe, Johann Wolfgang von 约翰·沃尔夫冈·冯·歌德,11, 50

Faust 《浮士德》,73

"Wanderer's Nightsong" 《流浪者之夜歌》,28-34, 39, 53, 57-58, 59, 96

"Golden Pot, The" see. 《金壶》,参见"E·T·A·霍夫曼"条目

Gramophone, *Film*, *Typewriter* (Kittler) 《留声机 电影 打字机》(基特勒著),55, 60, 74, 122, 131

Greece, ancient 古希腊,5, 82-119
alpha-numerical system 字母数字系统,3, 95, 103, 107, 115
and Germans 和德语,104-105, 110-111
and Homer's *Odyssey* 和荷马的《奥德赛》,82-87, 93, 96-97, 99, 101, 102, 106
and Innis 和伊尼斯,109, 110
Kittler's 基特勒的,102-110, 116-119
and meaning of being 和存在的意义,110-118
vowel alphabet 元音字母表,88-95, 97-98, 102, 103, 107-108, 113, 115
Greek atomists 希腊原子论者,114
Gutenberg 古腾堡,65

H

handwriting 书写,44, 45, 71-72
Hartmann, Frank 弗朗克·哈特曼,77
Havelock, Eric 埃里克·哈弗洛克,90, 112
Hegel, G. W. F. G.W.F. 黑格尔,23, 44-45, 48, 50, 79-80, 139
Heidegger, Martin 马丁·海德格尔,2, 8, 14, 20, 21, 23, 36, 71-72, 104, 111, 115, 116, 117
Heine, Heinrich 海因里希·海涅,49
Heller, A. 阿格妮丝·赫勒(匈牙利政治理论家),104
Hendrix, Jimi 吉米·亨德里克斯

Electric Ladyland 《电子女儿国》,102

hermeneutics 诠释学,22, 26, 34, 38, 40, 48, 62, 64, 73, 81, 111, 118, 136

Hesiod 赫西奥德,110

"history of being" "存在的历史",36, 72, 88, 115

Hodges, Alan 阿伦·霍奇斯,130

Hoffmann, E. T. A. E. T. A.霍夫曼

"The Golden Pot" 《金壶》,41-44, 50-51, 62-63

Holub, Robert 罗伯特·霍勒伯,14, 125

Homer 荷马,93, 109, 110

Iliad 《伊利亚特》,83, 84, 90, 98-99, 102

Odyssey 《奥德赛》,82-87, 93, 96-97, 99, 101, 102, 106

homosexuality 同性恋,106

Horkheimer, Max 马克斯·霍克海默,25

Dialectic of Enlightenment 《启蒙辩证法》,84-85, 96-97

Humboldt University 洪堡大学,22

Husserl, Edmund 埃德蒙德·胡塞尔,20

I

information theory, Shannon's 香农的信息理论,117

Innerlichkeit 内在性,47

Innis, Harold 哈罗德·伊尼斯同,87, 88, 109, 139, 144-145

J

Jagger, Mick 米克·贾格尔,132
John Hopkins Conference on the Humanities 约翰·霍普金斯大学人文学科会议,19
Joyce, James 詹姆斯·乔伊斯,63
Jünger, Ernst 恩斯特·云格尔,142

K

Kant, Immanuel 伊曼努尔·康德(德国作家和古典哲学创始人),49, 135
  What is Enlightenment? 《什么是启蒙?》,77
"Kittler effect" "基特勒效应",143-145
Kittler, Friedrich 弗里德里希·基特勒
  background and career 背景与职业,8-9, 11-12
  childhood during World War II "二战"期间的童年,9, 11, 140
  controversiality of 争议性,5, 120-146
  at Freiburg University 在弗莱堡大学,8-9, 12-13
  German tag 德国的标签,2-3
  influence of "1968" on attitude and approach "1968"对态度和方法的影响,24-25
  influence of 基特勒的印象,143-145
  and music 基特勒和音乐,52-53
  objections against 反对,5, 46-47

and poststructuralism　基特勒和后结构主义，1，2，22，64，144

stages of work　产出成果的阶段，3-4

technodeterminism charge against　对基特勒技术决定论的指控，120-124

treatment of women　对女性的对待方式，126-128

on war　论战争，129-137

writing style　写作风格，124-126

L

Li Galli islands　海豚岛(利加利岛)，86-87

Lacan, Jacques　雅克・拉康，2，13，14-15，19，21，23，34，36，107，117，127-128，144，146

language　语言，31，33，34，36，48，62，71，89-90，104，127，136

and media technologies　和媒介技术，65，66-73

language acquisition practices　语言习得实践，31，32，40，44，48，51，132，146

Ligeti, György　捷尔吉・利盖蒂，13

literature, demotion of　对文学的摧毁，62-63

logos　逻各斯，116

Lord, Albert　阿尔伯特・洛德，109

Luhmann, Nicklas　尼克拉斯・卢曼，48

"Lullaby in Birdland" (Kittler)　"鸟园摇篮曲"（基特勒），30-31

lyre　里拉琴，95

M

McLuhan, Marshall 马歇尔·麦克卢汉,23, 61, 121-123, 144-145

madness 疯狂,57, 66, 69

Marx, Karl 卡尔·马克思,123

matter 物质

and form 和形式,113-114

media technologies 媒介技术,3, 109

and demotion of literature 和文学的降级,62-64

and Discourse Network 1900 和话语网络,1900, 58-65

and language 和语言,65, 66-73

and psychophysical research 和精神物理学研究,60-61

and Stoker's *Dracula* 和斯托克的《德库拉》, 66-73

and war 和战争,130-134, 137-138, 139-140

media theory 媒介理论,52-81

mimesis 模仿,100-101

minimal signifieds 最小所指,32-33

mothers 母亲们,31-33, 46, 48, 51, 71, 127

"mother's mouth" "母亲之口",31, 32-33, 48, 51, 71

Muses, Nymphs and Sirens (Kittler) 《缪斯、宁芙和塞壬》(基特勒著),87

music 音乐,52-53
Musik und Mathematik (Kittler) 《音乐和数学》(基特勒著),52-53, 87, 95, 99, 117, 118

N

nature 自然
and culture 和文化,4, 62, 63
Nazism 纳粹主义,20, 21
New Criticism 新批评派,18-19
Nietzsche, Friedrich 弗里德里希·尼采,2, 20, 21, 23, 38, 47, 72, 73
The Birth of Tragedy from the Spirit of Music 《悲剧从音乐精神中诞生》,52

O

Optical Media (Kittler) 《光学媒介》(基特勒著), 78, 122, 138-139, 145
Oral Formulaic Hypothesis 口头程式假设,109

P

Palamedes 帕拉墨得斯(古希腊神话英雄),98
Parry, Milman 米尔曼·帕里(史诗研究学者),109
parsonage, German 德国牧师住所,47, 78
Peenemünde 佩内明德(二战时纳粹德国导弹研发基地),140, 141
Peters, John 约翰·彼得斯,122, 145

Philolaus 菲洛劳斯,95, 101, 102, 111, 115-116
philosophy 哲学,40, 46, 49, 113, 115, 116-117
Philostratus 斐罗斯屈拉特,98
Phoenician script 腓尼基文字,89
phonograph/phonography 留声机/表音速记符号,59, 63, 67, 68, 69, 70, 92
Pink Floyd 平克·弗洛伊德,2, 13, 53
"Brain Damage" 《大脑损伤》,53-55, 56-58, 59, 96, 99, 119
Plato 柏拉图,112-113
Phaedrus 《费德罗篇》,113
Symposium 《会饮篇》,106
poet-bureaucrats 诗人—官僚,50, 51
poststructuralism 后结构主义,14, 107, 117
American reception 美国对后结构主义的接收,17-18, 19, 22
Freiburg's reception of 弗莱堡对后结构主义的接收,14-16
German reception 德国对后结构主义的接收,17, 18-22
and Kittler 以及对基特勒的接收,1, 2, 22, 64, 144
Powell, Barry 巴瑞·鲍威尔,99
Powell, Larson 拉尔森·鲍威尔,118
Presocratics 前苏格拉底,110
psychoanalysis 精神分析,68

psychophysical research and media technologies　心理学历学研究和媒介技术,60-61
public/private split　公共/私人领域分离,48, 51
Pucci, Pietro　皮亚托·普奇,83-84, 97
Pynchon, Thomas　托马斯·品钦(美国作家),2
Gravity's Rainbow　《万有引力之虹》,108, 140-141

R

radio technology　无线电技术
and war　和战争,134
rapture　狂喜,91
transition between rule analysis and　理性分析和狂喜之间的转换,4, 118
Rauschen　噪声,81
reason　理性
history of and war　理性的历史与战争的历史,135-136
religious discourse　宗教话语
secularization of　凡俗化,47-48, 49
Rilke, Rainer Maria　赖内·马利亚·里尔克,1
Rochlitz　罗赫利茨(德国地名),8, 9, 10
rock music　摇滚乐,52
Rolling Stones　滚石乐队
"Sympathy with the Devil"　《同情魔鬼》,131-132
rule analysis　理性分析
and rapture　和狂喜,4, 118

S

Sappho 萨福,110

Saussure, Ferdinand de 费尔迪南·德·索绪尔,91

Schelling 谢林,48

Schleiermacher, Friedrich 弗里德里希·施莱尔马赫,20

Scholar's Republic 学者共和国,35, 121, 123

Second World War see World War II 第二次世界大战,参见“二战”词条

self-reflexivity 自反性,47, 50, 63, 136

Shannon, Claude 克劳德·香农,2, 23, 117

Siren Songs see Homer: Odyssey 塞壬的歌声,参见“荷马《奥德赛》”

Sloterdijk, Peter 彼德·斯洛特戴克,25

Socrates 苏格拉底,106

software 软件

  debunking of by Kittler 基特勒对软件的揭示,75-78

Sophocles 索福克勒斯,110

speech, methodological 对言语方法上的

  purification of 纯净化,33

speech acts 言语行为,57, 66, 69

Speight, Bernard 伯纳德·斯佩特,55

Staiger, Emil 艾米尔·施泰格,30

Stalingrad　斯大林格勒,9-10
Stoker, Bram　布莱姆·斯托克
　Dracula　《德古拉》,65, 66-70
student movement　学生运动,13, 25, 26

T
talking cure　谈话疗法,67-68
technodeterminsim　技术决定论,120-124
technological media　技术媒介,59, 63, 69
telephone　电话,133
theory　理论,7
Theweleit, Klaus　克洛斯·特韦莱特,25
tò metaxú (medium)　物质媒介,114
"Towards an Ontology of Media"(Kittler)　《走向媒介本体论》(基特勒著),113
Turing, Alan　艾伦·图灵,2, 23, 107, 130, 133, 135
typewriter　打字机,70-72

U
United States　美国
reception of poststructuralism　对后结构主义的接收,17-18, 19, 22

V

V2 rockets　V2 导弹（“二战”时期德国），130, 140
Virilio　维利里奥，23
Voss, Johann Heinrich　约翰·海因里希·沃斯，97

W

Wade-Gery, H.T.　H.T.韦德盖瑞，93
Wagner, Richard　理查德·瓦格纳，15, 53
“Wanderer's Nightsong” see Goethe　《流浪者之夜歌》，参见“歌德”词条
war　战争，129-143
　and media technologies　和媒介技术，131-134, 137-138, 139-140
　see also World War I; World War II　也可参见“一战”“二战”词条
Waters, Roger　罗格·沃特斯，25
Whitehead, Alfred North　阿尔弗雷德·诺斯·怀特海，113
women　女性，48, 70, 126
　treatment of by Kittler　基特勒对女性的对待方式，126-129
World War I　“一战”，10-11, 131, 142
World War II　“二战”，9-11, 129, 131, 138, 140-141, 142
writing, mechanization of　写作的机械化，62

Z

Z4　Z4 计算机，129-130

Zuse, Konrad　康拉德·楚泽（建筑工程师、计算机发明家），129-130, 133

图书在版编目(CIP)数据

基特勒论媒介/(加) 杰弗里·温斯洛普-扬(Geoffrey Winthrop-Young)著;张昱辰译.--北京:中国传媒大学出版社,2019.11(2022.7 重印)
(传播与中国译丛 / 黄旦,孙玮主编.媒介道说系列)
书名原文:Kittler and the Media
ISBN 978-7-5657-2609-5

Ⅰ.①基… Ⅱ.①杰… ②张… Ⅲ.①传播媒介—研究 Ⅳ.G206.2

中国版本图书馆 CIP 数据核字(2019)第 216247 号

ISBN-13:978-0-7456-4405-9
ISBN-13:978-0-7456-4406-6(pb)
本书英文版于 2011 年由 Polity Press 出版。

北京市版权局著作权合同登记 图字:01-2019-6147

基特勒论媒介
JITELE LUN MEIJIE

主　　编	黄　旦　孙　玮
著　　者	[加]杰弗里·温斯洛普-扬(Geoffrey Winthrop-Young)
译　　者	张昱辰
校　　译	卢　照
策划编辑	张毓强
特约策划	李唯梁
责任编辑	曾白凌
特约编辑	刘　楠
封面设计	运平设计
责任印制	阳金洲

出版发行	中国传媒大学出版社		
社　　址	北京市朝阳区定福庄东街 1 号	邮　　编	100024
电　　话	86-10-65450528　65450532	传　　真	65779405
网　　址	http://cucp.cuc.edu.cn		
经　　销	全国新华书店		

印　　刷	北京中科印刷有限公司
开　　本	880mm×1230mm　1/32
印　　张	7.875
字　　数	157 千字
版　　次	2019 年 11 月第 1 版
印　　次	2022 年 7 月第 4 次印刷

书　　号	ISBN 978-7-5657-2609-5/G·2609	定　　价	55.00 元

本社法律顾问:北京嘉润律师事务所　郭建平